혁명의 팡파르

KAKUMEI NO FANFARE GENDAI NO OKANE TO KOKOKU
Copyright© AKIHIRO NISHINO, 2017
Korean translation rights arranged with GENTOSHA INC.
through Japan UNI Agency, Inc., Tokyo
Korean translation copyrights © 2025 by Somy Media, Inc.

이 책의 한국어판 저작권은 저작권사와의 독점 계약으로 ㈜소미미디어에 있습니다. 저작권법에 의해 한국 내에서 보호를 받는 저작물이므로 온·오프라인에서 무단복제와 전재, 스캔 및 공유를 금합니다.

혁명의 팡파르
현대의 돈과 광고

니시노 아키히로 지음
민경욱 옮김

혁신 * 크라우드펀딩 * 자기계발 * 신용사회 * 변화 * 생존 * 실력

소미미디어
Somy Media

머리말

"하고 싶은 일을 찾을 수 없다"고 말하는 사람이 있다.

이 글을 읽고 있는 당신도 어쩌면 그중 하나일지 모른다.
그리고 어른들은 당신을 가리켜 '여유 세대*' 또는 '깨달음 세대'라든가 '초식' 운운할지도 모른다.

자신들과 비교하면 요즘 젊은이들은 마치 '인간으로서의 능력이 떨어진다'는 식이다.
하지만 "요즘 젊은 놈들은……"으로 시작되는 쓴소리는 고대 이집트 유적에도 상형 문자로 새겨져 있을 정도로 오래된 잔소리로, 아마도 인류가 탄생한 순간부터 지금까지 내내 이야기되었을 것이다.
만약 그 말이 옳다면 이론상 인류 같은 것은 이미 멸망했

---

* 1987~96년 사이에 일본에서 태어나고 자란 세대를 흔히 여유(유토리) 세대라고 부른다. 이전 교육 과정에 비해 교과 내용을 대폭 줄이고 여유롭게 교과 외 과정을 가지게 되었다고 해서 비롯된 말인데 학력이 저하되고 하고 싶은 것만 하려고 해 참을성이 없다는 뜻으로 젊은층을 비하하는 데 사용되고 있다. 이들 젊은이들의 특성이 출세나 사회적 목표가 강하지 않아서 초식 동물 같다고도 하고 또 구도자 같다고도 해서 깨달음 세대라는 표현도 쓴다.

어야 한다. 계속 수준이 떨어지고 있는 생물이 살아남을 리 없다.

하지만 오늘도 우리는 살아 있다. 시대와 환경에 맞춰 계속 업데이트해 왔기 때문이다. 동물이든 식물이든 언제나 세상에서 종(種)으로서 우수한 것은 '어린 것'이고 그것은 거스를 수 없는 자연계의 법칙이다.

젊은 세대에 대한 비판은 그 대부분이 '진화에 대한 도태'에 불과하다. 그러므로 나는 나보다 어린 존재를 긍정하는 것으로부터 생각을 시작하려고 한다.

그 점을 밝힌 후에 다시 솔직히 말하자면 나는 얼마 전까지 "하고 싶은 일을 찾을 수 없다"는 말을 전혀 이해하지 못했다. 나는 초등학교 2학년 때부터 개그맨을 동경했고 그 후 쭉 지금까지 그래 왔기 때문에 더욱 그랬다.

'왜 하고 싶은 게 없지?'라고 생각했던 것이다.

하지만 "하고 싶은 일을 찾을 수 없다"는 말을 긍정적으로 다시 생각해 보니 역시 이해할 수 있었다. 드디어 어린 친구들의 뒷모습이 보이기 시작했다.

이런 말을 하면 선배들에게 혼날지도 모르지만 내 윗세대는 내 아래 세대처럼 '직업에 수명이 있다'는 경험을 해 보지 못했다. 많은 어른들은 '직업은 영원히 지속'된다는 것을 전제로 이야기를 한다. 그러므로 곧바로 "너는 이런 놈이야!" 하고 이름표를 달아 주고 싶어 한다.

윗세대 분들에게는 죄송하지만 지금은 그런 시대가 아니다.
스마트폰이 등장한 이래 있던 직업이 사라지는 장면을 수없이 봤지 않나? 아마존 때문에 문을 닫는 서점을 보지 않았나?
'로봇 택시'라는 말이 나오는 지금 시대에 '택시 운전사가 되고 싶어!'라는 생각은 안 할 것 아닌가?

15년 전에는 '택시 운전사라는 직업이 없어질지도 모른다'는 생각은 상상도 못 했다. 20년 전에는 일본의 서점이 이토록 무서운 속도로 망하리라고는 상상도 못 했다.
직업 그 자체가 사라지는 시대에 들어와 이제는 부업, 겸업, 이직이 상식이 되고 있다. 윗세대는 직업을 여럿 전전하면 "그래서 결국 뭘 하고 싶은데! 하나를 결정하라고!"라고 호통을 치지만 천만의 말씀! 하고 싶은 일을 전전하거나 하고 싶은 일이 무언지 망설이는 것은 앞으로의 시대를 살아가는 지혜이다.
생물이 살아남겠다는 데 뭐가 나쁘지?
지금 시대에 'ㅇㅇ가 되겠다!'고 하나의 직업을 결정하는 게 훨씬 더 위험하다. 하고 싶은 일을 찾지 못하는 것은 잘못이 아닐 뿐만 아니라 정말 별일이 아니다.

직업이 무섭게 사라지는 시대에 제대로 대응할 수 있다는 증거이다. "그게 안 된다면 이쪽이지!" 하고 직책을 이동할 수 있는 준비가 되어 있다는 뜻이다.

주위는 이러쿵저러쿵 떠들지 모르지만 직업을 하나로 정하지 못하고 전전긍긍하는 당신은 문제가 없다, 절대 잘못하고 있는 게 아니다. 몇몇 직업을 전전하는 가운데 새로운 선택지가 생긴다.

구체적인 예를 들겠다. 나는 작년 『굴뚝 마을의 푸펠』이라는 그림책을 발표했는데 이 작품을 제작하는 데 4년 반의 시간을 들였다. 이는 개그맨으로 벌어들이는 수입이 있었기 때문에 가능했던 것으로, 그림책 작가로만 활동했다면 4년 반이나 수입이 없는 작품 제작에 착수할 수는 없다.

직업을 여럿 가지고 있어 수입원을 여러 개 확보할 수 있었기 때문에 그런 작품을 만들 권리를 손에 넣을 수 있었던 것이다. "그래서 결국 뭘 하고 싶은데! 하나를 결정하라고!"라는 상식을 따랐다면 태어날 수 없었던 작품이다.

혁명의 팡파르는 시작되었다.

농업 혁명보다도, 산업 혁명보다도 커다란 혁명이 마침 우리 시대를 강타했다. 정보 혁명이다.

인터넷에 의해 거리와 시간의 벽이 없어졌다. 당연히 거리와 시간에 매달려 있던 몇몇 일도 사라진다. 게다가 로봇 기술도 무섭게 발전하고 있다. 물건을 파는 방법이 바뀌고 일하는 방식이 변한다. 돈의 형태가 바뀌고 상식과 도덕이 변한다. 초고속 회전으로.

그리고 유감스럽게도, 우리에게 경험을 가르쳐 주는 존재여야 하는 부모나 선생은 이 혁명을 경험한 적이 없다. 일테면 당신의 부모는 당신에게 이렇게 말할 것이다.

"원하는 일을 하고 살 만큼 세상은 만만치 않아."

부모 세대의 상식은 '돈=스트레스에 대한 대가'이다.

하지만 정말 그런가?

스트레스를 받아야 하는 일부터 차례대로 로봇이 담당하면서 스트레스를 받는 일은 점점 세상에서 사라지고 있지 않나. 자동개찰기가 생겨 개찰구에서 역무원의 모습이 사라진 것과 같은 변화가 지금 여기저기서 일어나고 있다.

"원하는 일을 하고 살 만큼 세상은 만만치 않아"라는 말을 듣더라도 이미 좋아하지 않은 일은 사라지고 좋아하는 일밖에 남지 않았다.

앞으로는 '좋아하는 일을 내 일로 삼는 길밖에 남지 않은' 시대이다. 많은 부모와 선생은 이 변화를 제대로 알아차리지 못하고 있다. 그들은 이 거대한 물결을 어떻게 이겨내야 하는지 그 방법을 모른다.

따라서 우리들은 스스로의 손과 발을 이용해 우리들의 신변에 일어나고 있는 변화를 배우고 실천하고 깨달아 대응해야만 한다.
이 변화에서 눈을 돌린 사람부터 탈락한다.
기득권을 지키려는 사람부터 종말이 시작된다.
노력하면 대가를 얻는 시대는 끝나고 우리들은 변화하지 않으면 살아남을 수 없는 시대에 직면해 있다.
흥미롭지 않은가.

변화하지 않아도 괜찮았던 세대의 상식과 충돌할 수도 있으리라.
당신이 혁신적인 움직임을 보이면 그것이 더 혁신적일수록 마찰은 커진다. 구태의연한 사람들은 당신이 내놓은 제안의 본질을 알려고도 하지 않고 '화제성 상술'이라는 말로 몰아붙인다.
'화제성=악'이라는 인상을 만들어 당신에게 세간의 비판을 집중시킨다.

단순히 그들이 제대로 이해하지 못한 것일 수도 있지만 거기서 발생하는 비판의 대부분은 '변화하는 것에 대한 두려움'이다. 그렇다면 그런 비판은 기꺼이 받아들여야 하지 않을까. 변화하지 않으면 죽어 버리는 시대이므로.

무엇이 필요해지고 무엇이 필요 없어질까?
어떤 직업이 없어지고 무엇이 새로운 직업이 될까?
하나씩 정리해 대응하자.
상식의 업데이트를 멈춰선 안 된다.

나는 학자가 아니므로 내 경험담을 말하겠다.
최근 1년 동안의 내 활동의 성공과 실패를 구체적인 숫자와 함께 여러분에게 말하려고 한다. 1년 전에 출판한 비즈니스 서적『마법의 컴퍼스~길이 없는 길을 걷는 방법』(슈후토세이카쓰샤)의 발행 부수는 10만 5천 부.

그림책『굴뚝 마을의 푸펠』의 발행 부수는 32만 부(2017년 9월 현재). 오리콘 2017년 상반기 '책' 랭킹에서는 아동 서적 부문과 연예인 서적 부문 2관왕을 달성했다.

『굴뚝 마을의 푸펠』을 제작할 때 크라우드 펀딩을 2번 실시해 총 9550명의 후원자가 참여했다. 후원금은 5650만 4552엔.

이렇게 해서 이제까지의 크라우드 펀딩 합계 후원자 수

는 1만 5000명을 돌파했고 합계 후원금도 1억 엔을 돌파했다. 크라우드 펀딩에서 국내 역대 톱을 기록했다. 개인전 〈굴뚝 마을의 푸펠전(展)〉의 관객동원은 60만 명을 돌파.

이것만 보면 순풍에 돛을 단 것 같지만 천만의 말씀! 드러나지 않았을 뿐이지 완전히 실패한 점도 있다.

성공과 실패에는 요행이나 운이 존재하지 않는다.
성공과 실패의 이면에는 이유와 원인이 있을 뿐이다. 모두 수학이다. 내가 경험한 성공과 실패, 그리고 이유와 원인을 돌아보면서 '앞으로 우리들은 어떻게 행동해야 이 대변혁의 시대를 따라잡을 수 있을까?'에 대해 내가 할 수 있는 모든 얘기를 하려고 한다.

그러니 잠시 제게 시간을 내주세요.

목차

머리말

타인과 경쟁하는 순간 패배
자신만의 경기를 만들어라 · 017

당신의 재능을 죽이고 싶지 않다면
돈의 정체를 정확히 파악하라 · 025

돈을 벌지 말고 신용을 벌어라
'신용을 가진 자'는 현대의 연금술사이다 · 035

의사 결정의 키는 '뇌'가 아니라
'환경'이 쥐고 있다 · 043

입구에서 돈을 받지 마라
돈이 될 타이밍을 뒤로 미뤄 가능성을 늘려라 · 051

작품 판매를 다른 사람에게 맡기지 마라
그것은 작품의 '육아 방기'다 · 063

인터넷이 파괴한 것을 정확히 파악해
판매 방식을 생각하라 · 071

2017년 1월, 돈의 노예에서 해방 선언 · 079

무료 공개를 비판하는 사람에게
미래는 없다 · 085

과거의 상식에 얽매이지 마라
그 배는 곧 가라앉는다 도망쳐라 · 093

내용 공개를 두려워하지 마라
사람은 '확인 작업'으로만 움직인다 · 105

작품의 무료화가 진행됨에 따라
엔터테인먼트 업계는 완전한 실력 사회가 된다 · 113

그 작품을 지키기 위해 '저작권'은 정말 필요한가? · 119

책을 팔고 싶다면 스스로 1만 부를 사라
여기서 필요한 것은 '재력'이 아니라 '노력'이다 · 127

'세컨드 크리에이터'를 내 편으로 만들어라 · 139

신용 시대의 선전은 입소문이 최강
입소문을 디자인하라 · 155

자신의 작품과 사회를 일체화시켜라 · 161

노력의 양이 부족한 노력은 노력이 아니다
잘못된 노력 또한 노력이 아니다 · 171

뉴스를 내지 마라 뉴스가 되어라
자신의 시간을 사용하지 마라
타인의 시간을 사용해라 · 181

고객은 돈이 없는 게 아니라
돈을 낼 '계기'가 없을 뿐이다 · 191

인터넷은 '상하 관계'를 파괴하고
'수평 관계'를 만든다 · 197

《후회할 가능성》을 철저히 없애라 · 203

늙어 가는 것은 '쇠약'해지는 게 아니라 '성장'이다 · 211

다음 시대를 얻는 자는 '신용을 가진 사람'이다 · 219

책이 아니라 주인의 신용을 파는
헌책방『표시 서점』· 227

팔리지 않는 작품은 존재하지 않는다
당신의 작품이 팔리지 않는 것은
당신이 '팔지 않고' 있기 때문이다 · 239

출판의 장벽을 낮추어
국민 모두를 작가로 만드는
출판 서비스『말상대 출판』· 245

한 걸음 내디딜 용기는 필요치 않다
필요한 것은 '정보'이다 · 253

맺음말

신용을 쌓는 30일 챌린지

타인과 경쟁하는 순간 패배 자신만의 경기를 만들어라

메가 히트작의 제반 준비

그림책 『굴뚝 마을의 푸펠』은 내 멋대로 제작한 작품이 절대 아니다. 매일 회의를 해 '이만큼 준비하면 히트할 수밖에 없다'는 수준까지 파고들었고, 그것이 멋지게 맞아떨어졌다.

당초 우리 치프 매니저는 '국내에서 30만 부, 세계에서 100만 부'라는 목표를 세웠고 현재 『굴뚝 마을의 푸펠』의 매상은 국내에서 32만 부를 돌파했으며 해외에서의 출판이 조금씩 결정되기 시작했다.

확실히 몇몇 나라에서 출판이 결정되었지만 100만 부라는 숫자는 아직 먼 일이다. "첫 번째 목표인 국내 30만 부는 달성했지만 지금부터 앞으로 어떻게 성공할지에 대한 구체적인 방법은 아직 파악할 수 없다"는 게 현재의 상황이다.

그러나 일단 국내에서 32만 부를 팔았다. '5천부만 팔리면 히트'로 여겨지는 그림책 세계에서는 메가 히트였다.

우리들은 『굴뚝 마을의 푸펠』을 어떻게 제작하고 어떻게 팔았는가? 그 이야기에서부터 시작하기로 하자.

만드는 방법을 창조한다

우선은 『굴뚝 마을의 푸펠』의 제작 방법에 대해.

이에 대해서는 『마법의 컴퍼스~길이 없는 길을 걷는 방법~』에서도 언급했는데 모르는 독자도 있을 테니까 아시는 독자들은 복습하는 셈치고 다시 설명한다.

그림책 『굴뚝 마을의 푸펠』이 기존의 그림책과 크게 다른 점은 만드는 방법을 극도로 '분업화'한 것이다. 혼자 묵묵히 작업을 하다가 '그런데 왜 그림책을 혼자 만들지?'라고 생각한 데서 모든 것이 시작되었다.

일테면 영화는 감독과 조감독이 있고 거기에 조명이나 메이크업, 미술을 담당하는 사람이 있다. 또 연기자도 있고……. 다양한 사람이 자신의 특기를 가지고 분업으로 작품을 완성한다.

감독이 메이크업을 담당하는 것보다 프로에게 맡기는 편이 작품의 질이 좋아지기 때문에 "이 부분은 맡길게!" 하며 일을 맡긴다.

회사 조직도 마찬가지다. 사장, 부장, 과장, 평사원, 접수 직원……으로 분업화되어 있다.

가족도 분업이다. 일을 잘하는 사람이 나가서 일하고 가사를 잘하는 사람이 집안일을 한다. 애니메이션도 그렇고 만화도 마찬가지다. 『원피스』는 오다 에이치로 혼자 만든 게 아니다.

세상 대부분의 일이 분업으로 돌아가고 있는데 무슨 영문인지 그림책은 '혼자 만드는 것'이 당연시되고 있다.

'그림'과 '글'로 역할을 분담한 작품은 있지만 역시 '그림'의 분업은 찾을 수 없다.

그러나 뭉뚱그려 '그림'이라고 해도 '하늘을 그리는 작업'과 '색을 칠하는 작업' '캐릭터를 디자인하는 작업'은 미묘하게 업무 내용이 다르다.

"하늘은 못 그리지만 색칠만큼은 누구에게도 지지 않는다"는 사람이 있는 반면 "색은 잘 칠하지 못하지만 캐릭터 디자인만은 누구에게도 지지 않는다"는 사람도 있다.

또한 "캐릭터는 만들어 내지 못하지만 하늘을 그리는 일이라면 누구에게도 지지 않는다"는 사람도 있다.

그렇다면 아예 '하늘의 프로페셔널' '색칠의 프로페셔널' '캐릭터 디자인의 프로페셔널'을 모아 영화처럼 '전문 분업 체제'로 그림책을 만들면 재미있는 작품이 생기지 않을까? 하고 생각했다.

그런데 여기서 마음에 걸리는 점이 있다. '그림책을 분업 체제로 만들자'는 생각은 누구나 할 수 있다. 세상 대부분의 것들이 분업으로 만들어지므로 '그림책도……'라는 생각이 나오는 게 자연스럽다. 뜻밖의 아이디어가 아니다.

그런데 실제로는 전문 분업 체제로 만들어진 그림책은 세상에 존재하지 않는다. 문제는 '이제까지 여러 사람이 생각했을 텐데「분업 체제로 그림책을 만든다」라는 아이디어가 왜 가시화되지 못했는가?'이다.

분업 체제의 그림책이 존재하지 않는 이유

그 원인은 바로 찾을 수 있었다.

1만 부가 팔리면 엄청난 히트라고 여겨지는 그림책 시장. 시장이 극단적으로 작기 때문에 매상을 제대로 예측할 수 없다. 매상을 예측할 수 없다는 것은 제작비를 미리 준비할 수 없다는 소리다. 제작비가 없다는 말은 스태프에게 지불할 개런티가 없다는 소리다. 즉, 업계의 구조상 그림책은 '혼자 만드는 것' 외에는 선택의 여지가 없었던 것이다.

그림책을 혼자 만들 수밖에 없는 가장 큰 원인에 '돈'이라는 문제가 있었다. 그렇다면 돈만 모으면 '분업 체제'라는 선택지를 가질 수 있다.

그런 까닭에 그림책 『굴뚝 마을의 푸펠』 제작에서 가장 먼저 한 작업이 '자금 조달'이었다.

쉽게 건너뛰기 마련인 '제작 방법을 의심하는' 작업부터 시작하니 여러 가지 문제로 다른 사람들이 손대지 않았던 문제가 나왔다. 즉, 그 지점에서 다른 사람과의 압도적인 차별화를 도모할 수 있었던 것이다. 이제는 그 문제를 해결하기만 하면 된다.

자, 『굴뚝 마을의 푸펠』을 제작하기 위해서는 돈을 모아야만 하는데 그럼 그 돈을 어떻게 모을 것인가?

이어서 그 이야기를 해 보자.

학교에서는 결코 가르쳐 주지 않는 '돈을 모으는 방법'이다.

당신의 재능을
죽이고 싶지 않다면
돈의 정체를
정확하게 파악하라

크라우드 펀딩은 돈이 열리는 나무가 아니다

그림책 『굴뚝 마을의 푸펠』의 제작 비용은 '크라우드 펀딩'으로 모았다.

설명할 필요도 없을 것 같긴 하지만 말해 보자면 '크라우드 펀딩'은 인터넷에서 기획을 프레젠테이션해 일반인들에게 후원을 받는 것이다.

'머리말'에서 밝혔는데 『굴뚝 마을의 푸펠』의 크라우드 펀딩은 두 번에 걸쳐 이루어졌다. 그림책의 제작비를 모을 때와 그림책을 알리기 위한 개인전을 무료로 개최할 때, 이렇게 두 번이다.

두 번의 크라우드 펀딩을 합치면 후원금이 5650만 4552엔, 후원자는 9550명이었다. 후원자 수는 당시 일본 크라우드 펀딩 역대 최고 기록이었다.

지금부터 자금 조달 방법으로써 크라우드 펀딩을 하는 방법에 대해 얘기하려고 하는데 말하기 전에 짚고 넘어가고 싶은 것은 크라우드 펀딩은 돈이 열리는 나무가 아니라는 점이다. 나는 종종 크라우드 펀딩 사이트를 체크하고 있는데 같은 기획이라도 100만 엔을 모으는 사람이 있고 1엔도 모으지 못하는 사람이 있다.

그리고 어쩌면, 이것은 여러분에게 의외의 정보일지 모르지만 TV연예인의 크라우드 펀딩 전적은 상당히 나쁘다.

내 친구이자 생물 중에서 가장 재미있는 생물인 구보타 군*이 '쇠퇴하고 있는 극장에 숨결을 불어넣자!'는 기획으로 젊은 시절에 신세를 졌던 극장의 수리 비용을 크라우드 펀딩으로 모았는데 목표 금액은 20만 엔이었지만 모인 금액이 8만 1500엔으로, 완전히 망했다. 과도한 스트레스로 구보타 군의 앞머리만 점점 쇠퇴했다.

그는 현재 정수리 부분의 머리가 완전히 없어진 이유를 "중고로 팔았다"고 주장하고 있지만 사실은 크라우드 펀딩의 패전 때문이다.

구보타 군의 경우는 그로 인해 더 우스운 구보타스러워졌으니 좋은 일일지 모르지만 다른 연예인들은 에피소드로 써먹지도 못한 채 그저 계속 망하고만 있다.

최근에는 유명 개그 콤비인 '런던부츠 1호2호'의 다무라

---

* 일본 개그 콤비 '도로사몬'의 멤버

준 씨가 크라우드 펀딩에 도전했는데 역시 고전했다.

한번 검색해 보길 바란다. TV연예인과 크라우드 펀딩의 궁합은 깜짝 놀랄 정도로 나쁘다. 아무래도 '유명인이라는 이유로 돈이 모이는' 것은 아닌 모양이다.

"돈이 열리는 나무도 아니고 유명인이라고 해서 돈이 모이는 것도 아니다"라고 말하니 점점 크라우드 펀딩으로 돈을 모으는 방법이 보이지 않는 것 같지만, 걱정하지 마시라. 크라우드 펀딩에서 반드시 이기는 방법이 있다.

돈이란 무엇인가?

크라우드 펀딩에서 이기려면 우선은 기초 지식으로,

"돈이란 무엇인가?"

"크라우드 펀딩은 무엇인가?"

이 두 가지 질문에 대한 답을 가지고 있어야만 한다.

이 답은 학교에서 알려 주지 않는다. 모든 직업 중에서 가장 경제로부터 먼 장소에서 활동하고 있는 것이 사회를 경험하지 않고 직업을 가진 '학교 선생님'이다.

수험에 '돈'에 대한 문제가 나오지 않으므로 가르칠 필요도 없다. 학교 선생님에게 가장 필요 없는 기술이 바로 '돈'이다.

시험 삼아 학교 선생님을 붙잡고 "돈이 뭡니까?"라고 물어보라. 대부분의 선생님이 그저 당황하다 끝날 것이다.

전직 헤드헌터였고 지금은 나라 시립 이치조고등학교에서 교장을 역임하고 있는 후지와라 가즈히로 씨는 '돈' 얘기를 제대로 해 주지만(후지와라 씨의 책은 아주 재미있으니까 꼭 읽기를 바란다!) 유감스럽게도 그런 선생님은 극히 일부이다.

돈의 정체를 모르고 돈을 모을 수는 없다.

크라우드 펀딩의 정체를 모르고 크라우드 펀딩에서 이길 방법은 없다.

질질 늘어놓는 것도 귀찮으니까 결론부터 말하겠다.

'돈'이란 신용을 수치화한 것이다.

일테면 생선 100마리를 팔아 치웠을 때 "이 사람은 생선 100마리를 팔아치운 신용이 있는 사람입니다!"라는 '신용보증서'를 받는다.

그 후 자전거가 필요하면 자신이 가지고 있는 신용보증서와 자전거를 교환한다.

말할 것도 없이 그 신용보증서의 이름이 '돈'이다.

신용보증서(돈)의 형태는 조개껍데기에서 시작해 화폐가 되었고 지폐가 되었으며 신용카드라는 '수치'가 되는 등…… 시대에 따라 변화했다.

처음에는 희소한 재료로 신용보증서가 만들어져 신용보증서의 가치는 그 자체(조개껍데기나 금 같은)의 가치와 같았지만 '희소한 재료를 좀처럼 찾을 수 없게' 되자 희소하지도 않은 평범한 소재가 동전에 섞이게 되었고(이것을 개주 改鑄 다시 주조하는 행위라고 한다네!), "그런데 이거 너무 무겁지 않아? 가지고 다니는 데 편하게 종이로 할까?"라고 누군가 말을 꺼내 신용보증서에서 '재료 자체'의 가치는 완전히 사라졌다.

옛날에는 1만 엔을 1만 엔에 만들었는데 현재는 1만 엔짜리 지폐를 약 20엔에 만든다.

이처럼 형태와 소재의 가치는 계속 변했지만 신용보증서(돈)를 끼고 교환이 이루어지는 상황만큼은 지금이나 과거나 변함이 없다. '신용'이다.

돈이란 '신용을 수치화한 것'이다.

크라우드 펀딩은 무엇인가?

이어서 크라우드 펀딩의 정체에 대해 말해 보자.

이 역시 질질 끌며 설명하는 게 귀찮기 때문에 결론부터 말하자면 크라우드 펀딩은 신용을 돈으로 만들기 위한 장치이다. 같은 기획이라도 100만 엔을 모으는 사람과 1엔도 모으지 못하는 사람이 있는데 둘의 차이는 기획자의 신용도 차이에 불과하다. 이 지점에서 생각해 보면 TV연예인과 크라우드 펀딩의 궁합이 매우 나쁜 이유를 설명할 수 있다.

TV연예인의 출연료는 스폰서에게서 나온다. 스폰서가 광고비(프로그램 제작비)를 내고 그 일부가 연예인의 출연료로 쓰인다. 돈의 출처가 스폰서이기 때문에 당연히 연예인에게는 호감도가 요구된다. 호감도를 얻기 위해서는 아무리 맛이 없는 요리를 먹어도 "맛있다"고 얘기해야 한다. 거짓말을 해야만 한다는 소리다.

　10년 전이라면 시청자는 그 요리의 맛을 확인할 수 없었기 때문에 거짓말을 해도 통할 수 있었지만 지금은 트위터의 타임라인이나 「구루나비*」에 TV 화면에 나오는 요리의 맛이 그대로 평가된다. 거짓말이 거짓말로 카운트되는 시대가 된 것이다.

'인지'와 '인기'의 차이

　스마트폰의 등장 전후로 시대는 명확하게 달라졌는데도 이전 방법론 그대로 TV에 계속 나온다는 말은 거짓말을 거듭해야만 하는 상황에 있다는 말이다. 거짓말을 거듭하면 당연히 신용은 떨어진다.

　그 연예인이 도달하는 장소는 '인기 연예인'이 아니라 '인지 연예인'이다. 돈을 지불하는 사람을 '팬'이라고 한다면 인기 연예인에게는 팬이 있지만 인지 연예인에게는 팬이

---

* 맛집 정보 사이트

없다. 신용이 없기 때문이다.

베키*과 게스노키와미오토메**를 예로 들면 이해하기 쉽다. 불륜을 저지르고도 활동을 계속할 수 있었던 게스노키와미오토메. 그에 비해 베키의 활동은 단 한 번의 불륜으로 완전히 멈췄다. 그 이유는 그녀가 '인지 연예인'으로 팬을 거느리고 있지 못했기 때문이다.

스폰서가 떨어지자 광고 이외의 장소에서 돈을 벌어야했는데 팬(다이렉트 과금자)이 없으므로 돈이 나올 데가 없다. TV연예인으로서의 요구에 철저하게 대응해온 결과이다. 현대 TV광고 비즈니스의 가장 큰 덫이라고 생각한다.

얼마 전 한 프로그램의 크라우드 펀딩 특집에서 취재 차 온 디렉터가 "왜 니시노 씨는 크라우드 펀딩에서 고액을 모을 수 있나요?"라고 물었다. "신용이 있기 때문이 아닐까요?"라고 대답했더니 "그렇게 호감도가 낮은데요?(웃음)"라고 되물었다. 멍청하기 이를 데 없다! 그냥 죽치고 있었으면 좋겠다.

'호감도'와 '신용', '인지'와 '인기'는 각각 완전히 다른 것이다.

참고로 TV연예인과 크라우드 펀딩의 궁합은 지독하게 나쁘지만 '아티스트'와 '크라우드 펀딩'의 궁합은 정말 어처구니없을 정도로 좋다. 지나치게 좋다.

---

* 버라이어티 프로그램을 중심으로 유명했던 여성 연예인
** 2012년 결성된 이래 탄탄한 팬층을 확보한 인기 록 밴드

기본적으로 수입의 출처가 스폰서가 아니라 손님들이 지불하는 '다이렉트 과금'으로 생활이 돌아가는 아티스트는 거짓말을 해 봤자 득이 될 게 없기 때문에 당연히 신용도도 높다.

이 설명으로 TV연예인과 크라우드 펀딩의 궁합이 나쁜 이유를 이해하셨을까?

다시 정리하면.

돈은 신용을 수치화한 것이고 크라우드 펀딩은 신용을 돈으로 만들기 위한 장치이다. 이 두 가지를 이해하면 '크라우드 펀딩에서 이기기 위해 해야만 하는 것은 무엇인가?'에 대한 대답은 이미 나왔다고 생각한다.

신용을 얻어 내는 것이다.

『굴뚝 마을의 푸펠』을 만들기 위해 자금 조달이 필요했고 자금 조달에 성공하기 위해서는 신용을 얻는 게 필요했다.

돈을 벌지 말고
신용을 벌어라
'신용을 가진 자'는
현대의 연금술사이다

신용을 얻는 방법

신용을 얻는 방법에 대해서는 '요리를 대접하다' '봉사활동에 힘쓰다' 등 다양한 방법이 있을지 모르지만 다른 사람의 말을 따른다고 될 일이 아니다. 그러니 내가 신용을 얻은 방법에 대해서 말하려고 한다. '호감도'가 아니라 '신용'을 얻는 방법이다. '인지'가 아니라 '인기'를 얻는 방법이다.

적당히 참고하시길.

연예인으로서 신용을 얻기 위해 우선은 '거짓말을 안 하겠다'는 생각을 철저히 지켰다. 일이라고 해도 맛없는 밥을 "맛있다"고는 할 수 없다. 만약 그 자리가 "맛있다"고 말해야만 하는 상황이라면 애당초 그런 일은 받지 않는다.

오래전, 음식 정보 프로그램에 출연했을 때 어부가 막 잡은 생선을 배 위에서 요리해 주었다. 다른 연예인은 "신선해서 맛

있다!"며 먹었지만 솔직히 맛이 없었다. 게다가 도마가 너무 더러웠다. 역시 생선은 하루, 이틀 숙성시키는 편이 더 맛있다.

다만 연예인은 이런 자리에서 "맛없다"고는 할 수 없다.

말하는 순간 잘린다.

TV에 나오기 위해서는 "신선해서 맛있다!"고 말할 수밖에 없는데 그 무렵, 트위터의 타임라인에는 "저 말은 거짓말이야! 생선은 하루, 이틀 숙성시키는 게 더 맛있어"라는 글들이 올라올 것이다. TV에는 출연하지만 한편으로 그 타임라인을 본 사람들의 신용을 잃은 것이다.

연예인은 거짓말을 해야만 하는 환경에 몸을 던져 신용을 잃어버리는 것이다. 거짓말은 '감정'에 휘둘려 하는 게 아니다. 우리들은 '환경'에 따라 거짓말을 한다.

이런 이유로 나는 거짓말을 해야만 하는 환경에 있는 음식 정보 프로그램의 출연 요청은 전부 거절하기로 했다.

"맛있다"는 말을 빼고 멋지게 음식 정보를 전달할 수 있는 능력이 있다면 얘기는 달라지겠지만 내게는 그런 능력이 없기 때문에 음식 정보 프로그램은 전부 거절한다.

의사를 명확히 표명한다

한 가지 더. '거짓말을 안 하겠다'는 말은 '자신의 의사를 명확히 표명하겠다'는 말이나 같다.

그러므로 상대가 대선배인 나인티나인의 오카무라 씨라고 하더라도, 델리 이토 씨든, 하고 싶은 말은 한다. 그리고 하고 싶은 말을 할 수 있는 환경을 만들어 둔다.

일테면. 다양한 곳에서 뉴스로 다뤄졌기 때문에 이미 아시는 분들도 있을지 모르지만 나는 올봄에 프로그램 녹화를 하던 도중에 집에 와 버렸다.

『굴뚝 마을의 푸펠』 취재 때문에 출연한 프로그램의 디렉터가,

"오늘 패션은 나는 의식 수준이 높다는 생각의 표현인가요?"

"푸펠의 인세는 스태프들에게 잘 나눠 주고 있나요?"

"그건 그렇고 대답이 너무 평범하네요."

"푸펠 가격이 너무 비싸지 않나요?"

"아까부터 좀 태도가 딱딱하지 않나요?"

이렇게 도전적으로 나왔기 때문이다.

무슨 말을 하고 싶은지는 안다.

아마도 〈아메토크!〉의 히가시노 씨, 〈고토탄〉에서의 게키단 히토리 씨나 오기야하기 씨가 하는 것처럼 '놀리고' 싶었을 것이다.* 하지만 히가시노 씨나 게키단 히토리 씨, 오기야하기 씨와 그 디렉터가 결정적으로 다른 점은 '거기에 신뢰 관계가 없다'는 것이다.

개그맨들의 '놀림'은 신뢰 관계에서 성립한다.

---

* 여기서 언급한 프로그램의 MC는 모두 저자의 친한 개그맨 선배로 저자가 자신의 프로그램에 나올 때 종종 그를 놀림감으로 삼아 웃음을 유발한다.

히가시노 씨의 말도 안 되는 행동에 응하는 것은 '결과적으로 어떻게 흘러가든 결국 히가시노 씨가 제대로 수습해 줄 거'라는 그에 대한 절대적인 신뢰가 있기 때문이다.

문제는 '무슨 말을 했느냐?'가 아니라 '누가 말했느냐?'이다.

신뢰 관계가 없는 '놀림'은 괴롭힘이다.

놀림과 괴롭힘의 경계선은 언어의 강약이 아니라 '신뢰 관계의 유무'라고 나는 생각한다.

아직 신뢰 관계가 없는 후배를 방으로 불러 바지를 벗기고,

"놀릴 테니까 리액션을 제대로 해야 해"라고 말하는 것은 괴롭힘이다.

당연히 괴롭힘에 참가해 그것을 "재미있지 않아?" 하며 TV로 내보내는 일은 있을 수 없기 때문에 그때 나는 녹화 도중에 돌아왔던 것이다. 여기서 내가 명확히 표명한 의사는 '괴롭힘에는 철저하게 참가하지 않겠다'는 것이다.

의사를 표명할 수 있는 환경을 만든다

이 문제는 연일 TV에서 다뤄졌다.

〈선데이 재팬〉이라는 프로그램에 출연한 니시카와 후미코 씨*은 "이런 일은 연예인을 하다 보면 일상다반사로 있는 일이다. 나도 경험했지만 참았다. 니시노 씨도 참았어야 했다"고

---

* 미녀 의사로 인기를 얻어 버라이어티 프로그램에 많이 출연하는 연예인

말했는데 과로 자살을 한 분의 유족 앞에서도 똑같은 말을 해 보라고 말하고 싶다.

그리고 하나 더. 그분은 자못 '돌아가지 않고 참았던 나는 인격적으로 훨씬 나은 사람'이라는 느낌으로 말했는데 무엇보다 니시카와 후미코 씨에게 '녹화 중에 돌아간다'는 선택지가 있었는지 자체가 심히 의문이다.

당연하지만 나는 이 일로 앞에 얘기한 프로그램에는 영원히 출연하지 못할 것이다.

그 프로그램을 방송하고 있는 TV방송국과의 관계도 아슬아슬하다. '정말 성가신 녀석'이 되면 비슷한 프로그램의 출연 요청도 없어진다. TV 일이 줄어드는 것이다. TV를 수입원으로 삼고 있는 연예인 입장에서는 이것은 정말 힘든 상황이다.

그러니까 내 주장을 요약하자면 이렇게 얘기하고 싶다

"돌아가지 않은 게 아니고 돌아갈 수 없었던 거 아닐까? 애당초 돌아간다는 선택지가 없으면서 '나라면 돌아가지 않는다'고 말하는 건 아니지!"

다시 한번 말하지만 '거짓말을 안 하겠다'는 것은 '자신의 의사를 명확히 표명'한다는 뜻이다.

TV에 관해 말하자면 TV 이외의 수입이 안정되어 있지 않으면 좀처럼 TV에 의견을 내놓기 어렵다.

자신의 의사를 명확히 표명하기 위해서는 의사를 명확히 표명할 수 있는 환경을 만들어 둘 필요가 있다.

감정은 환경에 지배된다.

당부컨대 이것은 『굴뚝 마을의 푸펠』을 제작하는 방법에 대한 이야기이다. 즉, 이런 부분(거짓말을 하지 않아도 되는 환경)에서부터 시작하지 않으면 『굴뚝 마을의 푸펠』은 만들 수 없었다는 말이다.

신용을 얻는 방법에 대한 이야기는 조금만 더 계속하자.

의사 결정의 키는
'뇌'가 아니라
'환경'이 쥐고 있다

킹콩 니시노에게는 거짓말을 해 봤자 득 될 게 없다

  돈을 모으는 데는 신용이 필요하다. 그리고 신용을 얻기 위해서는, 노인네가 하는 소리처럼 들리겠지만 거짓말을 하지 않는 게 아주 중요하다. 그를 위해서는 거짓말을 하지 않아도 될 환경을 만드는 게 중요하다.

  사람이 거짓말을 하는 이유는 거짓말을 할 수밖에 없는 환경에 있기 때문이다. 우리들의 의사 결정의 키는 우리들의 '뇌'가 아니라 '환경'이 쥐고 있다. 사고방식을 바꾸고 싶다면 환경을 바꾸는 편이 훨씬 빠르다.

  이 방향으로 이야기를 밀고 나가면 자기계발서나 정신훈련 책처럼 되어 버리기 때문에 구체적인 숫자를 들어 논리로 설명하겠다.

  나는 「니시노 아키히로 엔터테인먼트 연구소」라는 온라

인 살롱을 운영하고 있다. 페이스북의 비공개 그룹인데 의견을 교환하거나 그곳에서 『혁명의 팡파르~현대의 돈과 광고~』의 초고 원고를 모두가 돌려 보거나 때로는 온라인 살롱 멤버 한정 이벤트를 열기도 한다. 한 달에 1000엔.

현재 약 1000명의 회원이 있다.

이 온라인 살롱에 대해 말하자면 흥미롭게도 역시 TV연예인과 온라인 살롱의 궁합은 좋지 않다. 지명도와 회원의 수가 비례하지 않는다는 소리다. 크라우드 펀딩과 마찬가지로 온라인 살롱 역시 '신용을 돈으로 바꾸기 위한 장치'이기 때문이다.

여기서도 역시 '인기'와 '인지'의 이야기가 된다. 즉 인기 연예인에게는 유료 회원이 모이는 반면, 인지 연예인에게는 유료 회원이 모이지 않는다.

권위에 도전하는 말을 하거나 정보 프로그램의 방식에 납득하지 못한다는 점을 행동으로 표현하면 온라인 살롱의 가입자 수가 급격히 늘어난다.

내 경우 300명이 늘면 월수입은 30만 엔이 늘어난다. 연수입은 360만 엔이 늘어난다.

블로그가 화제가 되어 구경꾼이 모여들어 광고 수익이 품에 들어오는 '화제 상술'과는 완전히 다르게 온라인 살롱의 경우는 의사를 명확하게 표명하겠다는 각오와 그 속사정이나 평소의 사고방식을 알게 되는 대가로 돈을 지불한다.

참고로 말하자면 아무리 자기 의사를 드러내더라도 '어묵 툭툭 남자'*에게는 유료회원이 모이지 않는다.

인터넷 독해력이 현저히 떨어지는 사람들은 인터넷에서 화제만 되면 그것이 세대 간의 의견교환(가치관의 마찰)인지 아니면 '어묵 툭툭 남자'인지를 구별하지 못하고 대놓고 "화제 상술이다! 화제 상술이야!"라고 요란을 떨어 대지만 온라인 살롱에서는 철학이나 교양이 없는 화제는 상술로 성립되지 않는다.

'개그맨'을 다시 정의하다

이전에 나인티나인의 오카무라 씨와 의견 출동을 일으킨 적이 있다. 여러 개그맨이 한꺼번에 출연하는 버라이어티 프로그램에 좀처럼 나오지 않는 내 활동을 놓고 오카무라 씨가 "개그맨이니까 다 같이 나오는 버라이어티에 나와라. 모두들 나오니까"라고 라디오에서 발언한 게 사건의 발단이었다.

나는 '모두가 나와서 더 싫다'고 생각했다. 이유는 내가 '개그맨'**이니까. 오카무라 씨도 나도 똑같이 '개그맨'이라는

---

* 어묵 툭툭 남자 : 아이치 현의 편의점에서 어묵을 툭툭 건드려 체포되어 화제가 된 남자. 모델 경력이 있는 아내와 두 아이를 둔 기혼자이자 전직 프로 스노보드 선수라는 경력이 있음에도 자신의 SNS에 장난 동영상을 올려 화제를 모았다.
** 일본에서는 개그맨을 게닌(예인, 芸人)'이라고 부르는 데서 오는 논쟁. 개그맨을 그저 직업의 하나로 생각하는 선배와 예술인의 하나로 생각하는 저자의 사고방식 차이를 드러내고 있다.

단어를 사용하고 있지만 착지점이 완전히 다르다. 즉 각자 '개그맨'의 정의가 다른 것이다.

오카무라 씨는 웃긴 이야기를 하고 콩트를 하고 퀴즈 프로그램에 나가고 맛집 정보 프로그램에 나가는…… 그런 활동을 하는 사람을 '개그맨'으로 부르고 있다. 즉, 직업 이름(직책)으로써의 '개그맨'이다. 학교 선생이나 소방관, 그리고 택시 운전사와 같은 위치에 '개그맨'을 놓고 있다.

세상 사람들의 인식도 이쪽이라고 생각한다.

그렇게 생각해도 괜찮지만 내 생각은 오카무라 씨나 세상의 인식과 조금 다르다. 나는 모두가 오른쪽으로 나아갈 때 '왼쪽이라는 선택지도 있어'라는 행동을 제안하는 사람, 그러니까 구체적으로 말하자면, 곧 정년이라 상당한 퇴직금을 받을 수 있는데 그때까지 참지 않고 회사를 때려치우고 카페를 시작하는 중년이나 그런 생활 방식을 가지고 있는 사람을 '개그맨'이라고 부른다.

즉, '개그맨'이란 직업이 아니라 생활 방식의 명칭이다.

한 프로그램 과정에서 (직업으로써의) 개그맨을 그만두고 그림책 작가가 되고 나서 바로 그다음 날에 '파인 사탕을 배포하는 익명의 주임'으로 직업을 바꿨을 때 온갖 곳에서 화제를 모았더니 〈와이드 쇼〉라는 프로그램에서 다운타운의 마쓰모토 히토시 씨가 "(직업을 이리저리 바꾸다니) 전혀 재미있지 않아"*라고 발언했다.

여기서도 '개그맨'의 정의에 차이가 있었던 것 같다.

나는 그 직업을 바꾸는 데 '웃음'의 요소가 내포되어 있는지 아닌지는 전혀 개의치 않았다. 그보다 직업을 바꾸는 것 정도로 이토록 화제가 되어 버리는 (직업은 하나로 결정해야 한다는) 세상 풍조가 직업에 수명이 생기는, 앞으로의 시대를 살아가는 데는 극히 위험하다고 생각했기 때문에 '직업 같은 거, 이 정도로 가볍게 변경해도 괜찮다'는 생각을 내 자신의 행동으로 표현했다.

그런 행동도 역시 '개그맨'의 일이라고 나는 생각하고 있다.

아침 와이드 쇼에서 테리 이토 씨가 "(녹화 중에 화를 내고 중간에 자리를 떠나는 것을) 블로그에 쓰는 일은 니시노의 단점이다. 그것은 니시노와 디렉터 두 사람의 문제이기 때문에 그 디렉터에게 직접 말하면 되는 일이었다"고 말했을 때는 "그렇게 말씀하시면 연예인의 불륜에 관해 본인에게 직접 말하지 않고 본인이 없는 데서 이리저리 논하는 테리 이토 씨를 비롯한 온 세상의 비평가는 전멸하지 않겠습니까?"라고 직접 본인에게 말해 보았다.

이런 에피소드만 말하면 "니시노라는 사람, 권위자에게도 막 들이대네. 용기가 있구나"라는 말을 하기도 하는데

---

* 한 프로그램에서 시청자가 니시노에게 "왜 개그맨을 그만두지 않느냐"고 묻자 그에 대한 대답으로 개그맨 은퇴를 선언하고 다음 날, 파인 브랜드의 사탕을 길에서 나눠 주는 퍼포먼스를 벌였고 이것이 큰 화제가 되어 사탕의 제조사인 파인에게 감사장을 받기도 했다.

사실은 권위자에게 자신의 의견을 들이대면 수입(온라인 살롱의 회원)이 늘어난다는 사실을 알기에 들이대는 부분도 있다.

내가 당신보다 용기가 있는 게 아니라 내가 당신보다 의견을 내기 쉬운 환경에 있다는 말이다.

온라인 살롱이라는 환경이 있기 때문에 자신의 의사를 표명할 수 있고 자신의 의사를 표명하면 온라인 살롱의 회원이 늘어 더욱 의사를 표명하기 쉬워진다.

나는 스폰서에게 돈을 받는 광고 비즈니스(호감도 비즈니스)를 재빨리 버리고 이런 구조로 들어왔다. 즉, 거짓말을 하지 않아도 되는 환경이 되었기 때문에 애당초 '거짓말을 해야 한다'는 선택지가 없다. 직접 내게 돈을 주는 사람들이 사라질 '선택'을 할 이유가 내게는 하나도 없다. 의사결정은 머리와 마음이 아니라 환경이 키를 쥐고 있다.

입구에서 돈을 받지 마
돈이 될 타이밍을
뒤로 미뤄
가능성을 늘려라

분위기를 파악하는 리스크

지겨워질 만큼 '신용'을 획득하는 수단에 대해 말하려고 한다. 그 정도로 지금은 '신용'이 모든 것을 결정하는 시대이다. 『굴뚝 마을의 푸펠』의 두 번째 크라우드 펀딩에서는 6257명이 참여해 4637만 3152엔이라는 돈이 모였다. 당시의 국내 역대 최고 후원자 수였다.

당연히 국내 역대 최고 기록을 노렸다. 내 작품만이 아니라 유명 애니메이션인 〈너의 이름은.〉이든 무라카미 하루키의 신작이든, 작품의 내용이 세상을 떠들썩하게 하는 뉴스가 되는 일은 거의 없다.

뉴스가 되는 것은 '상'을 타거나 새로운 판매 방식이거나, 어쨌든 작품과 관련된 수치이다.

팔리는 작품이 더 잘 팔리는 이유 중 하나는 팔리는 작품이 뉴스가 되기 쉬운 숫자를 가지고 있기 때문이다. 『굴뚝 마을의 푸펠』은 모든 수치를 적극적으로 노렸는데, 관련 내용은 나중에 '광고' 항목에서 대대적으로 다루려고 한다.

지금은 『굴뚝 마을의 푸펠』을 제작한 방법'을 중심으로 크라우드 펀딩을 통한 자금 조달 방법에 대해 말하고 싶다.

'거짓말을 안 하겠다'와 '거짓말을 하지 않아도 되는 환경을 만든다'는 점에 대해서는 이제까지 알려 드린 대로이다.

크라우드 펀딩과 온라인 살롱, 기타 등등 '신용을 돈으로 바꾸는 도구'의 등장에 따라 정직한 사람을 바보처럼 취급하는 시대는 완전히 끝났다.

앞으로는 본심은 다른데 살기 위해 주위 의견에 맞추는, '분위기를 파악'한다는 행위가 리스크가 되는 시대이다.

거짓말쟁이는 반드시 뼈아픈 경험을 한다. 신용을 잃고 돈을 잃는다. 아직도 거짓말을 해 대고 있는 (거짓말을 해야만 하는 환경에 있는) 사람은 하루라도 빨리 정신을 차리는 게 낫다.

신용 통장

나는 '신용 통장'이라는 것을 만들고 있다. 예금 통장의 신용 버전이다. 대강 설명하자면 자신의 현재 신용치를 드러내 기록해 '지금, 내 신용이 어느 정도이고 이번 달에는 신용을 얼마나 사용했나?' 하고 돈과 마찬가지로 '신용의 페이스 배분'을 하고 있다.

돈이 신용을 수치화(가시화)했다면 이 통장을 가지고 있어야만 한다. 당연히 나는 크라우드 펀딩에서 전승을 거뒀다고 해서 크라우드 펀딩을 자주 하진 않는다. 내 신용이 쌓여 있지 않으면 크라우드 펀딩을 하는 시점에서 돈이 되지 않는다.

『굴뚝 마을의 푸펠』의 두 번째 크라우드 펀딩에서 6257명이 후원해 4637만 3152엔을 모은 이유는 몇 가지가 있지만 그것은 『마법의 컴퍼스』에서도 이미 얘기했고, 떠들기만 한다고 해서 될 일도 아니니 확실한 방법이라 생각하고 저질렀던 일을 마지막으로 하나만 소개하고 크라우드 펀딩에서 이기는 방법에 대한 이야기는 끝내기로 하겠다.

나는 데뷔 때부터 〈니시노 아카히로 독연회(獨演會)*〉라는 단독 토크 이벤트를 개최했다.

2016년 여름에 도쿄에서 개최한 〈니시노 아카히로 독연회〉는 티켓이 매진되었다. 4500명이나 되는 관객분들이 직접 회장을 찾아 주셨다.

참고로 내가 주최하는 독연회는 수많은 토크쇼나 강연회와 달리 나만의 세계관을 드러내려고 미술 세트나 조명부터 아주 사소한 것까지 나다운 것을 넣었다. 회장에 흐르는

---

* 개그콘서트 형식의 공연.

음악은 그랜드피아노를 실어 와 프로 피아니스트가 연주하게 했다.

당연히 라이브 제작비는 그만큼 늘어났는데 티켓 요금은 2천 엔이었고 2층에 한해 초등학생은 무료였다. "아무래도 넌 중학생 같은데"라고 묻고 싶은 녀석이 오더라도 "L사이즈 초등학생입니다"라고 주장하면 입장할 수 있다. 놀라운 자기 신고제였다.

매니저는 "무슨 생각을 하는 겁니까! 5천~6천 엔이 아니면 장사가 안 돼요!" 하고 울며 매달렸지만 나는 상관하지 않았다.

특별히 좋은 사람인 척하는 게 아니라, 수지를 따졌을 때 돈이 될 거라는 계산이 있었기 때문에 그렇게 판단했다.

인터넷을 통해 모든 것을 다 볼 수 있는 시대가 된 지금, 관객들의 금전 감각은 매우 정확하다.

극단 사계(四季)의 티켓 가격과 중고거래 앱인 '메루카리'에서 파는 스커트 가격부터 부동산 시세까지 모든 것을 스마트폰으로 검색해 비교할 수 있는 사람들은 '2천 엔이면 무엇을 얻을 수 있는지'를 잘 알고 있다.

당연히 독연회의 미술과 음악, 기타 등등을 보고 '이것은 원래 2천 엔으로 경험할 수 없다'는 것을 4500명 전원이 알고 있다. 이 가격 설정으로는 주최자 측이 부담을 안는다는 사실을 꿰뚫어 보고 있는 것이다.

그럼 됐다. 독연회의 적자 정도는 그림책을 팔아 충분히 채울 수 있다. 지금은 눈앞의 수익에 매달리지 말고 4500명에게 감사를 받는 쪽을 선택하는 게 이득이다.

그래서 『굴뚝 마을의 푸펠』의 크라우드 펀딩은 칭찬을 받은 독연회의 1개월 후에 실시했다. 엄밀히 말하면 독연회 1개월 후에 크라우드 펀딩을 실시하겠다고 결정한 후에 독연회의 티켓 가격을 결정했다.

부담을 진 독연회 1개월 후에 실시한 크라우드 펀딩에서는 독연회를 찾았던 분이 여럿 후원해 주었다. "독연회에서 한 번 금전적으로 부담을 졌으니 크라우드 펀딩으로 돈을 모았어도 금전적으로는 이득이 없는 것이지 않나?"라는 지적이 있으므로 답해 둔다.

확실히 이 방법이라면 금전적으로는 버는 게 없을지 모른다. 하지만 독연회 한 번으로 돈을 회수하는 경우와 독연회와 크라우드 펀딩의 두 번으로 돈을 회수하는 경우는 금액으로는 똑같더라도 후자가 크라우드 펀딩의 '후원자 수'를 늘린다.

게다가 이 크라우드 펀딩에서 '후원자 수'가 국내 역대 최고 기록을 수립해 떠들썩한 뉴스가 되어, 이제까지 내 활동이나 『굴뚝 마을의 푸펠』에 관심이 없었던 사람까지 끌어들여 후원이 더 늘어났다.

어떻게 숫자를 배치하면 자신의 숫자를 더 늘릴 수 있을까? 지금 눈앞에 있는 돈이 될 만한 기회와 타이밍이 내 목적에 가장 적합한가? 다시 한번 정리해 두면 좋다.

번외편: 크라우드 펀딩의 잔기술

이쯤에서 한숨 돌리자.

크라우드 펀딩의 성공률을 올리기 위한 잔기술을 소개한다. 아주 사소한 얘기지만 사실은 이런 게 쌓여 좋은 결과를 낼 수 있으니까.

크라우드 펀딩에 도전할 때는 어쨌든 자신의 기획을 한 사람이라도 더 많은 사람에게 보여 줘야만 한다.

어쨌든 사람들이 페이지를 봐 주지 않으면 아무것도 시작되지 않지만, 그렇다고 생판 모르는 사람의 기획 같은 건 다들 좀처럼 보지 않는 법이다. 다만 연구하기에 따라 사람들이 볼 가능성을 높일 수 있다.

우선 사람들은 어떤 기획을 쉽게 볼까?

이는 아주 단순하다. 바로 사이트의 '가능한 한 위쪽'에 노출되는 기획이다. "재미있는 기획 없을까?" 하며 크라우드 펀딩을 둘러보는 사람들의 눈에도 잘 띄기 때문이다.

그럼 어떤 기획이 사이트 상단에 올라가는 걸까?

이 역시 단순 명쾌하다. '후원금'과 '후원자 수'가 많은 기획이 '주목되는 프로젝트'로 사이트 최상단에 올라간다.

뭐, 성급하게 정리하자면 이런 말이 된다.

"기획의 성공률을 올리고 싶다면 후원금이나 후원자 수를 늘리세요."

그럼 이런 말이 돌아올 것 같다.

"후원금이나 후원자 수를 늘리면 좋다는 것은 알지만 그게 어렵다고!"

여기서 잠깐. 후원금은 조작할 수 없지만 후원자 수는 리워드 설정에 따라 늘릴 수 있다.

우선 크라우드 펀딩의 프로젝트 개설자가 할 법한 리워드 설정은 이런 식이다.

- 리워드①【3000엔】= 상품A
- 리워드②【6000엔】= 상품A + 상품B
- 리워드③【1만 엔】= 상품A + 상품B + 상품C

이 중 상품 A와 B와 C를 다 가지고 싶은 고객은 리워드③을 선택한다.

그러면 펀딩 화면에는 현재의 후원금『1만 엔』, 현재의 후원자 수『1인』으로 표시되는데 이게 정말 안타깝다.

이 경우 프로젝트 성공률(열람 수)을 올리는 리워드 구성은 이렇다.

- 리워드①【3000엔】= 상품A
- 리워드②【3000엔】= 상품B
- 리워드③【4000엔】= 상품C

이 중 상품 A와 B와 C를 다 가지고 싶은 고객은 리워드 ①과 ②와 ③을 선택한다.

그러면 펀딩 화면에는 현재의 후원금 『1만 엔』, 현재의 후원자 수 『3명』으로 표시된다. 실적은 1명이지만 3개를 사면 『3명』으로 카운트되는 방식이기 때문이다.

이렇게 리워드를 어떻게 짜느냐에 따라 사이트에 표시되는 후원자 수를 늘릴 수 있다. 사이트에 표시되는 후원자 수를 늘리면 사람들이 그 만큼 기획을 볼 기회가 늘어나는 관계로 실제 후원자도 늘어난다.

크라우드 펀딩의 싸움은 이런 잔기술이 쌓여 승리한다.

작품 판매를
다른 사람에게
맡기지 마라
그것은 작품의
'육아 방기'다

『굴뚝 마을의 푸펠』의 제작 방식

자금 운영에 대한 이야기를 끝내고 드디어 『굴뚝 마을의 푸펠』의 제작 방식에 대한 이야기에 들어가려고 한다. 다만 이 '제작 방식'에 대해서 『마법의 컴퍼스~길 없는 길을 걷는 방법』에 좀 더 자세하게 적었으므로 상세한 내용을 알고 싶은 분들은 그쪽으로 가시길.

이번 이야기는 성큼성큼 휙 둘러볼 생각이니 다음 이야기를 이어 가 보자.

『굴뚝 마을의 푸펠』은 분업 체제로 제작되었다.

스태프는 크라우드소싱(외주)으로 모아 총 35명.

내가 스토리를 쓰고 그림 콘티를 그리고 나머지는 팀으로. 이렇게 쓰면 간단하지만 실제 작업은 정말 힘들었다.

예를 들어 배경 제작에 대해 말하자면 1페이지와 2페이지 담당이 서로 다른 스태프였기 때문에 그대로 제작을 추진하면 배경에 차이가 발생한다.

그런 이유로 배경의 빌딩 위치와 높이 등 모두의 머릿속에 있는 '굴뚝 마을'을 하나로 하기 위해 우선은 '굴뚝 마을'의 지도를 그렸다.

작품 속에 이 지도는 등장하지 않는다. 이것은 오직 스태프의 이미지(굴뚝 마을의 디자인)를 하나로 하기 위해서 만들어진 지도였다.

그것을 보면서 그림 콘티를 들고 수정을 하고 그 그림 콘티를 보고 이번에는 사진을 자르고 붙여 세계관을 더욱 분명하게 하는 '콜라주'라는 작업에 들어갔다. 콜라주가 된 이미지를 바탕으로 일러스트레이터가 그림을 그리기 시작한다.

인터뷰 같은 데서 종종 "이 부분은 누가 그렸습니까?"라는 질문을 받는데 "○○씨입니다!"라고 시원하게 대답하지 못하는 것은 바로 그 때문이다.

지붕의 기와 하나라도 콜라주가 없었다면 그릴 수 없었고 콜라주는 그림 콘티가 없었다면 만들지 못했다. 또 그림 콘티는 지도가 없었다면 그려지지 않았다. 그리고 그때마다 참여한 스태프가 다르다.

캐릭터 하나도 마찬가지다.

주인공인 '푸펠'과 '루비치', 그리고 애들을 괴롭히는 '안

토니오'는 내가 디자인했지만 루비치의 어머니를 디자인한 것은 다른 스태프이고 그런 캐릭터를 바탕으로 조화롭게 정리한 것은 또 다른 스태프이다.

따라서 "캐릭터는 누가 만들었나?"라는 질문에도 한 번에 대답할 수 없다.

광고 효과가 없어지지 않는 광고

일러스트 부분을 제작하는 한편 『굴뚝 마을의 푸펠』의 주제가 제작도 추진했다.

크라우드 펀딩 덕분에 계획했던 것보다 많은 자금이 모여 광고를 훨씬 여유롭게 할 수 있었기 때문이다.

처음에는 시부야역의 광고판이라도 사서 요란하게 '『굴뚝 마을의 푸펠』 발매!' 같은 광고를 할까 생각했는데 그림책은 5년 후에도 10년 후에도 팔리는 것이므로 시부야역의 광고판 같은 일시적인 것이 아니라 '5년 후에도 10년 후에도 광고 효과가 이어지는 광고'를 만드는 편이 낫다고 결론을 내고 음악으로 결정했다.

작사와 작곡을 끝낸 후 다음은 일본아카데미상 우수음악상을 수상한 와타나베 다카시 씨에게 그대로 넘겼다.

와타나베 다카시 씨에게 원한 것은 딱 하나.

"음악으로 광고를 만들어 주세요."

안티를 그냥 놔둬선 안 된다

이런 작업 하나하나마다 "그림책은 혼자 만드는 거야!" "스태프의 노력을 혼자 독차지하려고 한다!" "그림책에 음악은 필요 없어!" 하고 비판하는 사람들이 발생했는데 그런 비판 의견은 모두 리트윗하고 공유했다. 비판하는 사람들에게 "같은 목소리를 내는 사람이 있습니다!"라고 알려 비판 세력을 하나로 모아 기세를 올리게 한다.

열띤 토론만큼 가성비가 좋은 선전은 없다. 게임인 오셀로로 따지면 길목을 잡은 셈이니 상대가 아무리 공격을 해 와도 마지막 순간 길목에 돌 하나만 놓으면 된다.

감정에 휘둘린 비판은 내가 굳이 나서지 않더라도 자연스럽게 도태된다.

나 스스로 켕기는 게 하나도 없다면 반대파의 에너지만큼 소중한 것도 없다. 안티를 그냥 놔둬선 안 된다.

작품이란 것은 세상에 나오는 것만으로 카운트되는 게 아니다. 고객의 손에 닿아야 비로소 작품이 나왔다고 카운트된다. 즉, 고객의 손에 닿지 않으면 오랜 시간을 들여 아무것도 하지 않은 게 된다.

정보가 넘쳐나는 시대이다. '좋은 작품을 만들면 저절로 팔린다'는 환상은 지금 당장 버리는 게 좋다. 좋은 작품을 만드는 거야 당연한 이야기다. 그것만으로는 아직 스타트라인에도 서지 못한 것이다.

  작품의 육아 방기를 해선 안 된다. 고객의 손에 닿을 때까지의 길을 그리는 작업도 작품 제작의 하나이다. 길을 그릴 수 없는 작품은 '미완성품'이라는 인식을 갖는 게 낫다.

  이런 인식을 가지고 있지 않은 창작자는 앞으로 정말 먹고 살기 힘들 것이다. 배경 제작, 캐릭터 제작, 주제가 제작을 통해 '고객의 손에 닿을 때까지의 길을 그리는 작업'을 『굴뚝 마을의 푸펠』의 제작 방법'으로 얘기한 이유는 여기에 있다.

  『굴뚝 마을의 푸펠』의 제작 방법'에 대한 이야기는 여기서 끝낸다. 다른 책에도 썼고 인터뷰에서도 수없이 얘기했기 때문에 더 자세히 알고 싶은 분은 적당히 검색하시길.

  다음은 드디어 '광고' 이야기.

  이 이야기를 하고 싶어서 이번 책을 쓰기로 했다. 지금까지의 방법으로 결과가 잘 나오지 않은 분에게는 조금 뼈아픈 얘기가 될지 모르지만 그래도 앞으로 나아가고 싶다면 귀를 기울이시길 바란다.

  미래는 이미 훌쩍 다가와 있고, 달리는 코스도 탈 것도 크게 달라졌다. 그것을 숨김없이 말하려 한다.

**인터넷이
파괴한 것을
정확히 파악해
판매 방식을
생각하라**

학교는 돈에 대해 가르쳐 주지 않는다

학교는 흥미롭다. 자신이 키가 큰지 작은지, 자신이 운동을 잘하는지 아닌지, 자신이 공부를 잘하는지 못하는지, 자신에게 집중력이 있는지 없는지…… 정말 많은 것을 가르쳐 준다.

당연히 국어, 산수, 과학, 사회 같은 것도 가르쳐 준다. 하지만 '학교가 가르쳐 주지 않는 것이 있다'는 것을 알아 두지 않으면 사회에 나왔을 때 크게 휘청거리게 된다.

앞에도 썼지만 학교는 '돈'에 대해 가르쳐 주지 않는다. 선생님들은 대부분 사회에 나온 적이 없다. 게다가 공무원이기 때문에 돈을 '만드는' 경험이나 지식에서는 파멸적인 상황에 있다.

학교를 잘 활용하기 위해서는 '학교가 무엇을 가르쳐 주고 무엇을 가르쳐 주지 않은 곳인가?'라는 '학교의 특성'을 파악해 두는 것이 절대 조건이다.

우리가 식칼을 싱크대 문 안쪽에 숨겨 두는 이유는 식칼이 채소도 자르지만 사람도 벤다는 사실을 알고 있기 때문이다. 식칼의 특성을 파악해야 식칼을 바르게 사용할 수 있다.

이를 바탕으로 인터넷에 관한 이야기를 한다. 당연히 인터넷을 이용해 '광고'를 잘하고 싶다면 인터넷의 특성을 파악해 둘 필요가 있다. '인터넷이 무엇을 만들어 냈고 무엇을 파괴했느냐?'의 부분이다.

인터넷이 가져다준 것은 별만큼 많다. 누구나 서로 이어지게 해 주었고 무엇이든 조사할 수 있게 했고 자신의 위치 정보 같은 것도 알 수 있게 되었다. 꼽자면 한도 끝도 없으니 인터넷이 가져다준 것에 대해서는 이쯤 해 두자.

인터넷이 파괴한 것

이제부터는 '인터넷이 무엇을 파괴했는가?'에 대해 얘기하고 싶다. 이 점을 기초 지식으로 머리에 넣어 두는 것과 그러지 않는 것은 '광고'의 장에서 어마어마한 차이를 만든다.

'인터넷이 무엇을 파괴했는가?'

이것을 알려면 동네 서점과 아마존을 나란히 놓고 설명하면 이해가 빠르다. 결론부터 말하자면 동네 서점과 아마존의 차이는 '물리적 제약이 있는가, 아닌가'인데 어쩐지 어려운 문제처럼 보이니 좀 더 쉽게 설명한다.

동네 서점은 '20:80의 법칙'으로 돌아간다.

예를 들어 100권의 책을 가게에 진열할 수 있다면 인기 랭킹 20위까지의 책 매상이 그 가게 매상의 80퍼센트를 차지한다. 당연히 21위부터 100위까지 책 매상 합계는 나머지 20퍼센트이다. 서점을 뒷받침하는 것은 상위 20퍼센트의 '잘 팔리는 상품'인 것이다. 그래프로 그려 보면 왼쪽을 보고 있는 공룡 실루엣 같은 느낌이다.

한 달에 한 권밖에 팔리지 않는 랭킹 하위의 책을 선반에 남겨둬 봤자 괜히 장소만 차지할 뿐 가게 매상에는 공헌하지 않기 때문에 그것밖에 안 팔리는 책은 출판사에 반품하고 더 팔릴 것 같은 책으로 교체한다. 매장 면적에 한계가 있기 때문에 팔리지 않는 책은 배제하는 것이다.

한편 아마존은 어차피 취급하는 것이 '데이터'이기 때문에 매장 면적의 한계 같은 것도 없다.

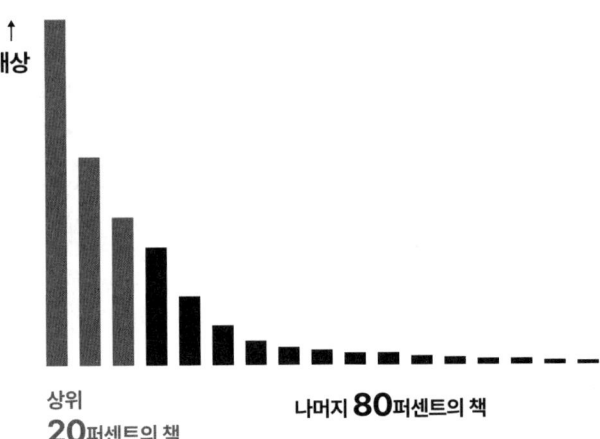

주문이 빈번하게 들어오는 상품은 곁(아마존 창고)에 놓고 바로 배송한다.

한편 한 달에 한 권밖에 주문이 들어오지 않는 '그다지 팔리지 않는 책'은 주문이 들어오면 출판사 창고에 연락해 받아서 보낸다.

'발송까지 2주가 걸립니다'라는 문구가 있는 이유다.

"주문이 들어오면 출판사 창고에 연락해~" 같은 소리는 동네 서점도 할 수 있지만 무엇보다 동네 서점과 달리 아마존은 이런 '그다지 팔리지 않는 책'을 책장에 진열할 수 있다. 취급하는 것이 물질이 아니라 데이터이기 때문이다. 아마존의 책장은 무한하다. "그다지 팔리지 않는 책"이 수백만 권씩 진열되어 있는 것이다.

일테면 한 달에 한 권씩 팔리는 책이라도 그것이 수백만 종류가 되면 한 달에 수백만 권이 팔리는 셈이므로 먼지도 쌓이면 태산이 되는 것이다.

그래프로 하면 왼쪽을 보고 있는 공룡의 꼬리가 한없이 늘어나 있는 느낌이다. 아마존을 뒷받침하는 것은 놀랍게도 '그다지 팔리지 않는 책'이었던 것이다.

그래프 형태에서 '롱 테일(긴 꼬리)'이라는 이름이 붙은 이 전략은 "우리 서점에는 100권까지밖에 진열할 수 없습니다!"라는 '물리적 제약'을 인터넷이 제거했기 때문에 가능해진 것으로, 당연히 물리적인 제약 아래에서 세계가 돌아가던 20세기에는 존재할 수 없었다.

　어릴 때 부모와 학교 선생님에게 배운 상식이 크게 변해 버린 일례이다. 생존 경쟁은 '약육강식'이 아니라 '적자생존'이다. 어느 시대나 강한 자가 아니라 환경에 적응한 자가 살아남는다. 인터넷이 물리적 제약을 파괴했다면 그에 맞춰 판매 방식도 바꿔야만 한다.

　드디어 다음은, 이 물리적 제약이 파괴된 시대의 『굴뚝 마을의 푸펠』의 판매 방식에 대해 이야기한다.

2017년 1월,
돈의 노예에서
해방 선언

'돈의 노예'라는 자각

 동네 서점이 "그다지 팔리지 않는 책"을 교체해야 하는 이유는 책장에 '자릿세'가 발생하기 때문이다.

 팔리는 책은 그 매상에서 '자릿세'를 계속 지불할 수 있지만 "그다지 팔리지 않는 책"은 자릿세를 지불할 수 없기 때문에 서점에서 쫓겨난다.

 책과 서점의 관계는 인간과 임대 아파트의 관계와 같다.

 그렇다면 애당초 왜 지대가 발생할까?

 우리는 왜 토지에 돈을 지불해야 할까?

 그것은 토지에 '한계'가 있기 때문이다.

 지구의 토지에도 '한계'가 있고 교통편이 좋은 도심부 토지에도 '한계'가 있다.

 토지에는 '한계'가 있고 한정된 토지에 대해 인간이 넘쳐

나기 때문에 결과적으로 우리는 토지를 서로 쟁탈한다.

그 순간에 '돈'이 발생한다. '돈을 지불할 수 있는 사람은 그 토지에 남아 있고 지불할 수 없는 사람은 사라지는' 게임이다. 이 게임은 경쟁률에 비례해 제시되는 금액도 오른다.

도심의 토지가 비싸고 시골 토지가 싼 이유가 그것이다.

어쨌든 선조 대대로 끊임없이 이 게임을 계속해 오는 동안 언제부터인가 우리 안에서 '토지는 돈을 지불해야만 한다'는 상식이 생겼는데 아까도 말한 바와 같이 거기에 돈이 발생하는 이유는 토지를 서로 빼앗아야 하기 때문이다. 지구상에 나 혼자만 있다면 돈을 지불할 필요가 없다.

서로 빼앗아야 하기 때문이 돈이 발생한다.

토지에 '한계'가 있기 때문에 토지를 놓고 경쟁한다.

만약 '한계'가 없이 무한히 이어지는 토지가 있다면 서로 빼앗아야 하는 일은 발생하지 않는다. 빼앗을 일이 없다면 돈도 발생하지 않는다.

그런 무한한 토지가 있을까?

있다. 인터넷의 세계다.

인터넷에 의한 물리적 제약의 파괴는 모든 것을 죄다 무료화했다. 이제까지 '돈을 지불해야 마땅'하다고 생각했던 '책의 토지'조차 무료로 만들어 버렸다.

『굴뚝 마을의 푸펠』의 무료 공개

2017년 1월 19일.

『굴뚝 마을의 푸펠』을 발매하고 3개월이 되려던 날이다. 나는 '돈의 노예 해방 선언'이라는 제목으로 인터넷에 『굴뚝 마을의 푸펠』의 모든 페이지를 무료로 공개했다.

직후 온 일본에서 비난이 일어났다.

"작품을 무료로 공개해 버리면 창작자에게 돈이 돌아오지 않는다."

"업계가 피폐해진다!"

이런 비판의 소리가 수만 건이나 내게 도착했다. 나와 가까이 활동하고 있던 일러스트레이터나 만화가들도 그림책의 무료 공개가 얼마나 잘못된 행동인지를 내게 설명했는데 나는 그들의 논리를 모두 깼다.

이 수만 건의 비판이 얼마나 시대착오적이며 얼마나 자신들의 목을 조르고 있는지, 얼마나 미래를 후퇴시키고 있는지 말이다.

먼저 결과부터 말하자면 이 무료 공개로 인해 『굴뚝 마을의 푸펠』의 매상은 치솟아 아마존 종합 매상 랭킹 1위에 다시 올랐고 23~24만 부에 머물러 있던 발행부수는 단숨에 31만 부까지 뛰었다.

그리고 원래 고정급 계약이었던 모든 스태프에게 얼마 되진 않지만 '보너스'라는 형태로 플러스알파의 개런티를 줄 수 있었다.
 무료로 공개함으로써 매상이 올랐다.
 그 비결을 모두 설명한다.

무료 공개를
비판하는 사람에게
미래는 없다

무료 공개를 비판하는 사람의 모순

2017년 1월 19일.

'돈의 노예 해방 선언'이라는 제목으로 그림책 『굴뚝 마을의 푸펠』의 모든 페이지를 인터넷에 무료로 공개했다. 이에 엄청난 찬반양론이 일어났고 그중에서도 일러스트레이터와 만화가라는, 그림 그리기를 생업으로 하고 있는 분들의 비판이 두드러졌다.

주요 비판은 아래와 같다.

"가치가 있는 것들을 무료로 해 버리면 앞으로 이런 것에 돈을 내지 않을 것 아닌가!"

"무료가 당연해지면 업계에 돈이 오지 않아 업계가 피폐해진다!"

"노동에 대해 돈을 받는 것은 당연한 권리다! 무료는 이

상하다!"

"돈을 받고 일하는 우리들은 돈의 노예인가!"

모두 어쩐지 정론인 것 같다. 이런 의견이 속속 '무료 앱'인 트위터에 올라왔다.

말할 것도 없이 "무료는 받아들일 수 없어!"라고 목소리를 높이는 사람들이 트위터라는 회사에는 1엔도 지불하지 않고 있다. 당연히 이 뉴스를 볼 때 이용했던 구글이나 야후에도 1엔도 지불하지 않았다. 자신들이 말하는 '노동에 대해 돈을 지불해야만 하는' 룰을 스스로 깨고 있는 것이다.

사실은 여기서 이야기를 마무리해야만 하지만 당시에 그래도 납득하지 못한 분이 많았기 때문에 조금만 더 하자.

TV도 무료 공개

참고로 어떤 성우와 그 성우의 수만 명이나 되는 열광적인 팬들로부터는 "작품을 무료로 공개해 버리면 '작품에 돈을 지불'한다는 의식이 옅어져 아이 교육상 좋지 않다!"라는 지적을 받았는데 성우의 주 무대인 TV애니메이션은 반세기 이상 전부터 무료 공개이다.

닛폰테레비나 후지테레비의 지상파 방송에 돈을 지불하는 개인이 있다면 부디 알려 주시길.

프로그램 제작비(성우나 스태프의 개런티)를 지불하는 것은 프로그램 스폰서이고, 시청자는 무료로 TV애니메이션을 시청하고 있다. 그중에서 일부 시청자가 그 애니메이션의 영화나 유료 이벤트, 유료방송, 상품, 나아가 프로그램 스폰서가 방송하는 광고 제품을 구입한다.

그 매상이 스폰서에게 들어가 또 TV애니메이션을 무료로 시청할 수 있다. 이처럼 TV애니메이션은 무료 공개하는 형태를 취하고 있지만 돈의 흐름은 멈추지 않는다.

이것이 포인트이다.

가치가 없는 것(쓰레기)을 무료로 제공해도 돈은 발생하지 않는다. 가치가 있는 것(무료가 아닌 것)을 무료로 공개하기 때문에 팬이 생기고 돌고 돌아 그 성우에게 돈이 떨어지는 방식이다.

TV는 "무료로 공개해 사용자를 늘리고 그 100명 중 한 명이라도 괜찮으니까 돈을 지불해 주는 사람이 있다면 매상은 오른다"고 판단했기 때문에 무료로 공개하는 법이다.

무료 공개는 시간차를 두고 돈이 발생한다

트위터를 사용한다고 해도 우리들은 직접 트위터 회사에 돈을 내지 않는다. 그러나 무료로 함으로써 보다 많은 사람들이 이용해 '많은 사람이 이용하고 있다'는 가치가 생겨 광고나 다른 곳에서 매상이 오른다. 구글이나 야후도 '무료로 하는 편이 매상이 늘어난다'는 판단이다.

얼핏 무료 같지만 사실은 돈이 되는 타이밍을 뒤로 미룬 이야기일 뿐이다. 입구를 무료로 해 더욱 큰 보상을 노린다. 시간차로 돈이 발생하는 것이다.

이런 돈의 흐름에 대해 배우려고 하지 않고 "돈을 받고 일하는 우리들은 돈의 노예인가!"라고 눈에 불을 켜는 분에 대해서는 "그렇다"고밖에 할 말이 없다.

"모든 서비스에는 이용한 그 순간에 돈을 지불해야만 한다"는 것이 상식인 사람으로부터는 당연히 입구가 무료인 트위터나 구글, 야후, TV라는 아이디어는 나오지 않는다.

'자신의 의사'가 아니라 '돈'에 따라 선택지가 좁아지고 행동이 억제되고 있다. 그리고 그 룰 밖으로 나오려고 하지 않는다.

이것을 '돈의 노예'라고 부르지 뭐라고 불러야 하나.

자, 보자.

우선 사실대로 이야기할 것은 이야기하자. 『굴뚝 마을의 푸펠』은 무료 공개 후 매상이 늘어 고정급 계약이었던 스태프 모두에게 '보너스'라는 형태로 돈이 돌아갔다.

당연히 '무료 공개하지 않았던 미래'와는 비교할 수 없으므로 무료 공개하지 않아도 마찬가지로 (혹은 그 이상) 매상이 늘었을 가능성도 있지만 적어도 "무료화를 하면 돈이 생기지 않는다"는 주장은 이 시점에서 정당성을 잃었다.

자신의 책을 팔고 싶다면 라이벌 작가의 매상에 공헌하라
나는 팀으로 일하고 있다.
스태프와 스태프의 가족까지 잘 알고 있다.
스태프에게 아이가 태어나 지금보다 더 벌어야만 하는 상황이라는 것도 안다.

그러면 『굴뚝 마을의 푸펠』의 매상을 무시할 수 없다. 좀 더 말하자면 『굴뚝 마을의 푸펠』을 둘러싼 그림책 업계와 출판업계의 사정도 무시할 수 있다.

〈태양의 서커스〉가 엄청난 인기를 누려 서커스 붐이 일어나 사람들이 그쪽으로 흘러가 버리는 것보다는 그림책 업계, 출판업계가 활성화되는 편이, 나아가 라이벌 작가의 매상이 늘어나는 편이 낫다.

라이벌 작가의 작품이 히트하면 보다 많은 사람이 서점에 발걸음을 하게 되고 자신의 책도 발견해 줄 기회도 늘어난다. 최종적으로 자기 작품의 스태프와 그 가족에게 돈이 간다. 그러므로 전략을 공개하고 공유한다.

감정에 휩쓸려 무료 공개한 것은 아니다.

계산한 결과 "무료 공개하는 편이 매상이 늘어난다" "무료 공개하는 쪽이 출판업계가 활성화된다"는 답이 나왔기 때문에 무료 공개에 나섰다.

 그리고 실제로 무료 공개로 인해 매상이 늘어났고 그 순간을 온 국민이 목격했다. 무료 공개한 『굴뚝 마을의 푸펠』의 성공 구조를 업계 전체가 공유했다.

 무료 공개 시대의 막이 열렸다.

과거의 상식에
얽매이지 마라
그 배는 곧 가라앉는다
도망쳐라

무료 공개한 그림책 매상이 늘어난 이유

왜, 그림책을 무료 공개했더니 매상이 늘었을까?

이유는 '인터넷이 물리적 제약을 파괴했기 때문'이다. 『굴뚝 마을의 푸펠』에서 내가 취한 것은 '프리미엄 전략'이다.

'프리미엄'이란 위키피디아 선생님에 따르면 '기본적인 서비스와 제품은 무료로 제공하고 더 고도의 기능과 특별한 기능에 대해서는 요금을 비용을 지불하는 방식의 비즈니스 모델'이다.

슈퍼마켓의 시식코너 같은 게 그런 종류다.

조그맣게 자른 소시지를 무료로 제공해 "제대로 된 봉지 하나를 사고 싶으면 돈을 내고 사세요"라는 방식 말이다.

화장품 무료 샘플 같은 것도 마찬가지다. '10명 중 1명이 사 주면 돈이 되는' 판매 방식이다. 이런 방법은 아주 오래

전부터 있었지만 이것이 인터넷과 만나면서 어마어마해진 것이다.

무슨 이유일까?

시식 × 인터넷

아무리 잘게 잘랐다고 해도 소시지 10개에는 10개 분량의 비용이 든다. 100개가 되면 100개 분량의 비용이 든다.

그러나 '데이터'는 다르다.

1개를 제공하든 10억 개를 제공하든 기본적으로는 1개 분량의 비용밖에 들지 않는다. '10명 중 1명의 확률로 구매해 주는 물건'이면 10억 명에게 나눠 주면 1억 명이 사 준다. 그것도 '1인분의 비용'으로. 옛날부터 있었던 "10명 중 1명에게 판다면……"이라는 방식과 인터넷의 궁합이 아주 잘 맞았던 것이다.

『굴뚝 마을의 푸펠』의 무료 공개에 대해서는 내 블로그만이 아니라 뉴스사이트의 편집장에게 직접 연락해 '뉴스 기사'로 내보냈다.

이 행동은 뉴스라고 생각했기 때문에.

그리고 그 기사 마지막에 아마존의 URL을 첨부했다.

내가 아는 한 무료 공개한 날에 200만 명 가까운 사람이 무료로 『굴뚝 마을의 푸펠』을 읽었다. 그중 '돈을 내고 종이 책을 사자'고 생각해 준 사람이 100명에 1명이라도 있으면 그 시점에서 2만 부를 팔 수 있다. 뉴스로 나온 직후에 아마존이나 다른 매상 랭킹에서 나란히 1위로 뛰어올랐다.

참고로 뉴스 기사에는 보통 뉴스와 마찬가지로 광고를 붙였다. 이를 통해 들어온 광고비는 전액 지진피해지역 지원금으로 보냈다. 불만이 있다면 부디 말씀하시길.

그림책과 프리미엄의 환상적인 궁합

서점에서 2000엔에 팔고 있는 『굴뚝 마을의 푸펠』을 인터넷에 무료로 공개해 봤다. 프리미엄 전략이다.

위키피디아 선생님의 '프리미엄'의 설명을 조금 더 쉽게 풀어 보자면 "일반판은 무료로 해도 되지만 고급판은 유료!"라는 것이다. 「니코니코 생방송」*의 무료 방송과 유료 방송을 떠올리면 쉽게 이해할 수 있을지도.

자, 그림책의 무료 공개(프리미엄 전략)라고는 했지만 애당초 '일반판'과 '고급판'이란 도대체 무엇을 말하는가? 여기서 제대로 정의해 두지 않으면 앞으로의 설명이 애매해지기 때문에 말해 두자.

---

* 동영상을 실시간으로 보여 주는 인터넷 채널. 한국의 SOOP처럼 개인 인터넷 방송을 하는 개념인데 생방송을 하기 위해서는 계정이 프리미엄 계정이어야 가능하고 일반 계정은 시청만 가능하다.

그림책의 경우 온라인상에서 받아들여질 수 있는 '데이터로써의 그림책'의 가치와 서점에서 팔리고 있는 '물질로서의 그림책'의 가치는 다르다.

그림책에는 '읽을거리'로서의 기능 외에 '읽어 주는'「부모와 아이의 커뮤니케이션 도구」로서의 기능도 있다.

"스마트폰으로 공짜로 읽는 것도 좋지만 아이에게 읽어 주려면 아무래도 종이 그림책이……."

바로 이런 점이 온라인에는 없고 종이 그림책에는 있는 '고급' 기능이다. 서점에서 팔리고 있는 종이 그림책의 '부가 가치'는 '물질'이라는 부분이다. 그림책『굴뚝 마을의 푸펠』은 이 부분에서 요금이 발생한다.

'종이 그림책을 사고 싶다'는 생각을 하게 하려면 우선 내용을 알려야만 한다. 그래서 온라인에 무료로 공개했다. 그리고 나는 부모들이 '스마트폰으로 읽어 주진 않을 것'이라고 예상했다.

좀 더 말하자면『굴뚝 마을의 푸펠』의 무료 공개 화면을 혼자서는 편안하게 읽을 수 있어도 여럿이 읽기에는 불편하도록 디자인했다.

'세로 스크롤'이다.

실은 그림책을 무료로 읽을 수 있는 사이트는 다른 데도 있다. 모두 '첫 번째는 무료. 두 번째부터는 유료, 혹은 책을 사라'는, 책을 사지 않고 서점에 서서 읽는 것도 한 번밖에 허락하지 않는 궁색한 비즈니스 모델이라 개인적으로는 그다지 좋다고 생각하지 않지만 그 이야기는 나중에 하고, 이들 사이트의 결점은 종이 그림책과 마찬가지로 페이지를 옆으로 넘기게 되어 있다는 점이다.

당연히 종이 그림책의 상태에 따라 가로 화면으로 했겠지만 이렇게 하면 그대로 읽어 줄 수도 있기 때문에 종이 그림책을 살 이유가 사라진다.

읽어 줄 때는 부모와 아이가 나란히 앉는다.

그림책을 온라인에서 무료로 공개하고 종이 그림책으로 돈을 만들 기획이라면 '세로 화면, 세로 스크롤'을 추천한다.

참고로 말하자면 스마트폰을 옆으로 돌리는 가로 스크롤은 스마트폰에 익숙한 현대인의 생활 패턴에서는 동떨어진 것이기 때문에 종이 그림책의 매상을 운운하기 이전에 온라인 서비스로서의 미래도 위험하다.

자, 아까 살짝 언급했던 '서점에서 서서 읽는 것도 한 번밖에 허락하지 않는 비즈니스 모델'이 '그림책에 관한' 상술로서는 좋지 않다고 얘기한 건에 대해 말하겠다.

그림책은 '내용 공개'가 스타트라인

나는 지금 37살인데 또래 친구들은 모두 아버지와 어머니가 되어 있다. 그들, 특히 어머니의 고민을 듣고 있노라면 어머니는 일단 아침부터 밤까지 바쁘고, 자유롭게 쓸 수 있는 돈도, 자유롭게 사용할 수 있는 시간도 없다고 한다.

그렇기 때문에 '그림책을 사려고' 할 때 절대 망해서는 (쇼핑에 실패해서는) 안 된다. 그래서 우선은 서점에 서서 끝까지 읽고 재미있으면 아이에게 사 준다고 한다. 경우에 따라서는 도서관에서 다 읽고 재미있으면 아이에게 사 준다고 한다.

즉, "무료로 공개하면 돈을 내고 살 리가 없다!"는 지적은 그림책에 대해서는 아주 틀린 말이며, 그림책을 사는 결정권을 쥐고 있는 어머니들은 원래부터 충분히 내용이 다 드러나 있는 작품만 사고 있었다.

그림책이라는 것은 내용을 공개해야 비로소 '살 것인가, 사지 않을 것인가' 하는 판단이 내려지는 스타트라인에 서는 것이다.

그림책 업계의 신진대사가 나쁜 이유

그런데 어머니도 바쁘다.

좋은 책을 만날 때까지 여러 권의 책을 읽기 위해서 며칠씩 서점이나 도서관을 드나들 수는 없는 노릇이다.

"도일지 모일지 모르는 도박을 할 금전적 여유도 없고 그렇다고 재미있는 책을 만날 때까지 계속해서 서서 읽을 시간적 여유도 없다."

그런 어머니가 결과적으로 어디에 착지하느냐면 '어릴 때 읽고 재미있었던 그림책을 자기 아이에게 사 주는' 안전 전략이다.

그림책 업계는 벌써 몇십 년째 이런 상황을 반복하고 있어서, 덕분에 서점의 그림책 코너에서는 벌써 몇십 년 전에 출판된 작품(『구리와 구라』『배고픈 애벌레』)이 지금도 잔뜩 쌓여 있다.

이들 작품이 물론 훌륭하지만 업계 구조상……이라고 해야 할까, 어머니들의 사정상 새로운 신진대사가 일어나기 어렵다.

이것을 타파하기 위해서는 온라인에서 무료 공개해 시간 여유가 없는 어머니에게 '집에서 그냥 읽는' 기회를 주고 '1번만'이 아니고 수없이 음미해 우선 '살지 말지'의 단계까지 오게 하지 않으면 구매로 이어지지 않는다.

그림책과 프리미엄 전략은 아주 궁합이 좋다고 나는 생각한다. 그보다는 현 단계에서는 그 방법밖에 없다고 생각한다. 그래야만 이 그림책 업계에 수십 년간 이어지고 있는 무한 반복을 돌파할 수 있다.

물건을 판다는 것은 사람의 움직임을 읽는 것이다. 현대에서 물건을 판다면 당연히 현대인의 움직임을 읽어야만 한다.

- 어디에서 지내는가?
- 어디에 돈을 쓰는가?
- 하루 스케줄은 어떻게 되나?
- 하루에 몇 시간씩 스마트폰을 보나?
- 어디서 스마트폰을 보나?
- 스마트폰을 사용할 때 엄지는 어느 방향으로 움직이나? 눈은 어느 방향으로 움직이나?

이것을 전부 파악하고 남보다 앞질러 파는 방법을 디자인할 필요가 있다.

인간의 행동 패턴은 날마다 변하므로 당연히 판매 방식도 변해야 한다. "무료로 공개하면 매상이 떨어져 창작자들에게 돈이 들어오지 않아!"라는 것은 몇 년 전의 상식이다. 지금은 '무료로 공개하지 않으면 매상이 떨어져 창작자에게 돈이 들어오지 않는' 경우가 늘어나고 있다. 몇 년 전의 상식을 고집해 버리면 시대 변화와 함께 침몰한다.

감정에 지배되지 않고, 상식에 지배되지 않고, 돈에 지배되지 않고 시대 변화를 냉철하게 알아차리고 받아들여 항상 반걸음 정도만 앞질러 가는 게 중요하다. 바닥에 구멍에 뚫려 침몰하는 배에서 '아직 괜찮은 방'을 찾아선 안 된다.

마지막으로 물에 잠길 방을 놓고 다투는 것도 안 될 일이다. 지금 상황을 정확하게 파악하고 살아남는 것이 중요하다.

2017년 1월의 『굴뚝 마을의 푸펠』 무료 공개 후, 골든 봄버*가 신곡을 무료 공개하고, 애니메이션 〈케모노 프렌즈〉가 무료 공개되고, 마에다 유지** 씨가 저서 『인생의 승산』을 무료 공개해 각각 성공을 거뒀다. 7월에는 신초샤***가 발매 전인 소설 『루빈의 항아리가 깨졌다』의 전체 무료 공개에 나섰다.

이제까지 수십 년 동안 꼼짝도 하지 않았던 상식이 불과 반년 만에 완전히 바뀌어 무료 공개에 그토록 비난의 소리를 냈던 사람들은 완전히 무색해지고 말았다. 작품의 무료 공개가 불과 반년 만에 판매 전략의 스탠더드가 된 것이다.

혁명의 팡파르.

그것은 문명개화의 소리다.

최근 1~2년, 내내 울리고 있다.

당신도 들리는가?

---

* 2004년에 결성된 일본의 비주얼 록 밴드
** 라이브 스트리밍 서비스 쇼룸(SHOWROOM)의 창업자
*** 일본의 대형 출판사 중 하나

내용 공개를
두려워하지 마라
사람은
'확인 작업'으로만
움직인다

사람이 행동할 때의 동기는 항상 '확인 작업'

그림책 『굴뚝 마을의 푸펠』의 성공 때문에 완전히 가려지고 말았지만 『굴뚝 마을의 푸펠』의 2개월 전에 출판된 비즈니스 서적 『마법의 컴퍼스~길 없는 길을 걷는 방법』도 베스트셀러로 10만 부 이상의 매상을 기록했다. 『마법의 컴퍼스』에는 요즘 시대의 기획 방법과 사람을 모으는 방법, 화제가 되는 방법, 작품을 전달하는 방법 등을 썼다.

『굴뚝 마을의 푸펠』을 독자들에게 전달한 방법도 『마법의 컴퍼스』에 썼던 내용을 그대로 실천한 것뿐이다.

"기획 방법과 사람을 모으는 방법, 화제가 되는 방법, 작품을 전달하는 방법? 어이! 니시노! 이 책(『혁명의 팡파르』)에 쓰는 내용과 같잖아!" 이런 소리가 들려오는 것 같은데 시대는 내 예상보다 빠른 속도로 변화하고 있어서 작년의 상식이 올해의 상식이 아닌 경우가 늘어나고 있기에 서둘러 『혁명의 팡파르』를 써서 내용을 업데이트하고 있는 것이다.

다만 시대는 변하지만 변하지 않는 것도 있다.

그중 하나.

『마법의 컴퍼스』에는 이렇게 썼다.

"사람이 시간과 돈을 할애해 그 자리까지 걸음을 옮기는 동기는 언제나 '확인 작업'을 위해서다. 즉 내용을 다 아는 것에만 반응한다."

앞에서 "그림책은 내용이 공개된 작품에만 반응"한다고 썼는데 이것은 그림책에만 한정된 얘기가 아니다.

루브르 박물관에 모나리자를 보러 가는 사람은 TV나 교과서에서 이미 모나리자를 봤고, 그랜드캐니언으로 여행을 가는 사람은 TV나 팸플릿에서 그랜드캐니언을 봤다.

만약에,

"돈을 내면 유명 화가의 멋진 그림을 보여 드려요."

"돈을 내면 엄청난 장소까지 데려다드려요."

이렇게 '복권'이나 '복주머니' 같은 '입장료를 내면 안을 보여주는 상술'을 취했다면 모나리자나 그랜드캐니언은 이렇게까지 인기를 누리지 못했다.

그러니까 '인간은 그다지 모험하지 않는다'는 소리다.

어쨌든 우리는 '이미 어느 정도 실력을 헤아릴 수 있는 물건'에만 반응한다.

그리고 "그것을 내 눈으로 직접 보면 어떨까?" 같은 '확인 작업'을 위해 드디어 무거운 엉덩이를 드는 법이다.

메가 히트를 기록한 〈너의 이름은.〉을 보러 간 것도 "그렇게까지 히트한 작품이라면 어떨까?"라는, 역시 확인 작업이다.

줄이 긴 라멘집의 줄에 서는 것도 역시 확인 작업.

대박이 대박을 낳고 사람이 사람을 부르는 이유가 이거다.

이런 생각에서 2015년의 독연회(나의 단독 토크 이벤트)를 유튜브를 통해 전편 무료 공개했는데 이때도 이런 소리가 나왔다.

"무료로 볼 수 있다면 굳이 라이브에 갈 필요가 없어지지!"

"라이브 스태프가 제대로 벌지 못하잖아!"

하지만 이게 무슨 일이래? 다음 해 독연회 관객은 두 배가 되었다.

올해 6월, 친구이자 쇼룸의 대표인 마에다 유지 씨가 연락을 해 왔다. "『인생의 승산』이라는 비즈니스 서적을 내는데 기왕 출간하는 것이니 잘 팔고 싶어요. 무슨 방법이 없을까요?" 재밌겠다 싶어 바로 마케팅 회의에 참석했다.

거기서 나온 답도 역시 무료 공개로, 책의 프롤로그 부분을 전부 내 블로그에 게재했다.

아침 7시에 블로그에 올렸는데 그때부터 점점 매상이 올라 정오에 아마존 매상 랭킹에서 1위가 되어 『인생의 승산』

은 발매 전에 이미 중쇄가 결정되었다.

비즈니스 서적도 무료 공개로 매상을 올린다

참고로.『인생의 승산』은 프롤로그 부분을 무료 공개함으로써 매상을 올렸는데『굴뚝 마을의 푸펠』처럼 '모든 페이지'를 온라인에 공개하면 어떻게 될까?

'아이에게 읽어 주는' 커뮤니케이션 도구로써의 기능이 있는 그림책과 달리, 내용 그 자체에 모든 가치가 있는 비즈니스 서적의 모든 페이지를 무료로 공개하는 것은 역시 "인터넷에서 무료로 읽었으니 살 필요가 없다"는 비난의 목소리가 날아올 것 같지만 내 생각은 다르다.

비즈니스 서적이라도 무료로 공개하는 장소를 달리하면 매상을 올릴 수 있다.

'공개하는 장소를 다르게 하는' 것은 일테면, 프롤로그는 킹콩 니시노의 블로그, 본편의 제1장은 호리에 다카후미* 씨의 메일 매거진, 제2장은 뉴스 사이트, 제3장을 킹콩 니시노의 페이스북……이라는 식이다.

이런 식으로 공개하는 장소를 달리 해 끝까지 공개한다.

제1장만 읽은 호리에 다카후미 씨의 메일 매거진 독자들은 계속 읽고 싶어서 책을 산다. 예를 들어 다른 장이 다른

• 라이브도어 최고 경영자

곳에 올라왔다는 사실을 알아도 무한한 인터넷 정보 속에서 프롤로그와 제2장, 제3장의 정보를 찾아다니며 회수하는 것보다는 책 한 권을 사는 게 빠르기 때문에 책을 산다.

즉 무료로 공개하는 장소를 달리하면 정보를 회수하는 비용보다 책을 사는 비용이 싸기 때문에 비즈니스 서적이라도 무료로 공개하는 편이 매상을 더 올릴 수 있다.

사실 이 책 『혁명의 팡파르』도 이 전략을 취해 예약 판매 단계에서 2만 부의 매상을 올렸다.

작품의 무료화가
진행됨에 따라
엔터테인먼트 업계는
완전한
실력 사회가 된다

무료화가 낳은 격차

그럼 이제부터는 사람에 따라서는 뼈아픈 이야기가 될 수도 있으니 듣고 싶지 않으면 여기서 책을 덮길 바란다.

계속 말해 미안한데 그림책 『굴뚝 마을의 푸펠』을 무료로 공개했을 때 "그런 짓(작품을 무료로 제공)을 하면 창작자가 먹고살 수가 없어!"라는 비난이 쏟아졌다.

이 주장은 반은 맞지만 반은 틀렸다.

엄밀하게 말하면 거기에는 무료로 공개함으로써 실력이 가시화되어 매상이 오르는 사람과 무료로 공개함으로써 실력 부족이 드러나 매상이 떨어지는 두 종류의 사람이 존재한다.

'실력이 드러나 먹고살지 못하게 되는 수준의 인간'이 먹고살 수 없게 되는 것이다.

이제까지 '입장료'에 숨어 있던 창작자의 실력(작품의 질)이 가시화되어 진짜는 잘 팔리고 가짜는 팔리지 않는다.

요컨대 무료화는 '실력의 가시화'이다. 이로 인해 전보다 더 격차가 생긴다.

마에다 씨의 『인생의 승산』이 무료 공개로 매상이 늘었던 이유는 마에다 씨의 인생과 문장에 힘이 있기 때문이다.

실력 평가 시대의 도래

나는 이런 시대의 흐름을 상당히 호의적으로 보고 있다.

실력이 정당하게 평가되다니 최고가 아닌가.

이제까지 손이 닿지 않았던 '권력 위에 가부좌를 틀고 있던 기득권'에게 펀치를 날릴 수도 있다는 소리다.

죽을힘을 다해 노력하는 창작자가 살아남고 노력을 게을리 하고 기존의 룰을 지키며 살려는 창작자가 죽는다.

정말로 정당한 창작의 세계가 아닌가.

실력으로 격차가 발생하는 게 건전하다.

그냥저냥 남들과 어울리며 밥을 얻어먹기를 거부하고 내 능력 하나로 올라가 보겠다고 생각해 뛰어든 세계이다. 더 이상 무엇을 투덜댈 필요가 있나?

아까도 설명했지만 무료화는 엄밀히 말하면 무료화가 아니다.

돈으로 만드는 타이밍을 뒤로 살짝 미루는 것일 뿐이다. 어떤 타이밍에서 일부 사람들에게 돈을 받아 그것을 운전자금으로 사용한다. 도모호른링클*과 마찬가지로 '무료사용시간'을 늘린 것뿐이다.

"내 실력을 봐. 싫으면 그냥 가도 되고 마음에 들면 동전을 던져" 이런 이야기이다.

참고로 도모호른링클과 비달사순은 내게는 '필살기 같은 이름'의 투톱이다.

무료화에 대한 거부 반응의 근저에 있는 것은 '나는 놔두고 가지 마'라는 마음이다.

그러나 여기는 학교가 아니다. 100명의 사람이 모두 다 평등하게 밥벌이를 할 수 있는 세계가 아니다. 학교와 회사의 연공서열이 지긋지긋해 스스로 동경해 뛰어든 '실력 사회'이다.

'무료화'란 '좀 더 실력을 명확하게 하자'는 제안이다.

당연히 타인을 시기하고 타인에게 시간을 허비하면 할수록 전보다 더 뒤처진다.

자신이 시기하고 있는 녀석은 점점 앞으로 나아간다. 금세 그의 등도 보이지 않게 될 것이다.

특히 일러스트처럼 데이터를 주고받는 일은 아웃소싱이 주류가 되고 있기 때문에 거리도 국경도 전혀 문제가 되지

---

*일본의 한방 제약회사 제춘관제약소의 화장품 브랜드

않는다.

　아르헨티나와 인도 사람을 나란히 경쟁시킬 수 있다.

　킹콩 니시노의 꼬투리를 잡는 데 시간을 쓰는 일러스트레이터와 킹콩 니시노에 대해 아무것도 모르고 그저 묵묵히 자신의 실력을 연마한 인도의 일러스트레이터가 같은 진열대에 놓여 있다면 당연히 일은 인도 사람에게 간다.

　결론은 하는 수밖에 없다.

　무슨 일이든 자신에게 시간을 투자하는 수밖에 없다.

　손가락이 변형될 정도로 펜을 쥐고 있는 수밖에 없다.

　무료 공개가 상식이 된 지금, 실력이 가시화되는 지금, 가장 효과적인 광고는 '작품의 질을 올리는 것'이다.

그 작품을
지키기 위해
'저작권'은
정말 필요한가?

『굴뚝 마을의 푸펠』의 저작권을 버린 이유

『굴뚝 마을의 푸펠』에서 무료화한 것은 온라인에 올린 그림책만이 아니다. 과감하게 '저작권'을 버렸다. 엄밀하게 말하면 저작권은 내게 있지만 그냥 내버려뒀다. 도덕적으로 넘어갈 수 있으면 묵인하고 있다.

어디 아주머니 극단이 "우리 극단에서 『굴뚝 마을의 푸펠』을 상연하고 싶어요!"라고 하면 "그러세요. 원작을 맘대로 쓰세요"라고 대답한다. "『굴뚝 마을의 푸펠』 클리어 파일을 만들고 싶어요"라고 하면 "매상의 몇 퍼센트를 내놓으라는 소리는 하지 않을 테니 그냥 쓰세요."

기업이 요청할 때는 사용료를 받을 때도 있지만 그것도 그냥 대충이다.

사가현에서는 『굴뚝 마을의 푸펠』의 그림을 래핑한 열차가 달리고 있다. 이는 트위터 글을 보고 알았다.

AV업계에 밝은 친구 말로는 현재『굴뚝 마을의 푸펠』을 패러디한 〈거시기를 기다리는 애널〉이라는 성인 영화 기획이 추진되고 있다는데 이것도 재미있을 것 같아 완전 오케이!

발매하면 반드시 받아 보고 싶고 가능하면 촬영장에도 가보고 싶다.

왜 저작권을 풀었을까?

그 이유는 '목적'에 있다.

『굴뚝 마을의 푸펠』에 대한 내 목적은 부자가 되는 게 아니라 그림책『굴뚝 마을의 푸펠』을 한 사람이라도 더 많은 사람에게 전해 주는 것이다.

저작권을 풀어 연극에 사용하게 한다.

저작권을 풀어 클리어파일에 사용하게 한다.

광고란 CM이나 포스터, 전단지만이 아니다. 연극이나 클리어파일로 그림책『굴뚝 마을의 푸펠』의 존재를 아는 사람도 있다. 훌륭한 광고이다.

게다가 원래, 광고는 내가 돈을 들여 만들어야 하는데 이번 경우는 만드는 사람이 마음대로 제작비를 대고 혼자 광고까지 해 주니 이처럼 고마운 일이 없다.

이런 것들은 입구에서 돈을 받아 버렸으면 잃어버렸을 '가능성'이다.

연극을 통해『굴뚝 마을의 푸펠』에 대해 알게 된 사람의 일부가, 클리어파일이나 래핑 열차로 『굴뚝 마을의 푸펠』을 알게 된 사람의 일부가 『굴뚝 마을의 푸펠』이라는 그림책을 사자'고 생각하면 그걸로 충분하다.

내 목적은 그것이다.

애당초 왜 '저작권'이 존재하나?

『굴뚝 마을의 푸펠』의 저작권을 방기한 이유는 하나 더 있다. '애당초 왜 저작권이라는 게 존재할까?'를 생각했기 때문이다. 그 대답이 '저작권은 필요 없다'는 두 번째 이유가 되었으니 그 점을 설명한다.

인터넷으로 세상이 연결되지 않았던 시대…… 즉 걸어 다닐 수 있는 범위의 사람들만 이어져 있던 시대의 '나를 둘러싼 인구'를 가령 10명으로 치자(나를 제외하고).

한편 인터넷으로 세상이 연결된 시대…… 즉 걸어 다닐 수 없는 범위의 사람들과도 이어진 현재의 '나를 둘러싼 인구'를 가령 1억 명으로 치자(나를 제외하고).

예전 우리는 10명밖에 없는 세상에서 살았다. 그런 가운데 열심히, 이를테면 그야말로 1년이라는 시간을 들여 정말 귀여운 캐릭터를 만들었다. 이것을 만들어 낼 때까지의 수입은 제로다.

그렇다면 이 캐릭터의 권리를 '판매'하지 않고는 살 수가 없다. 판매하지 않고 10명에게 무료로 쓰게 하면 수입이 없으니 먹고살 수가 없다. 그러므로 이런 방식이 된다.

"내가 생각한 캐릭터를 사용하려면 돈을 내세요. 무료로 쓰지 말아 주세요."

한편 1억 명의 세계라면 어떨까? 마찬가지로 수입 없이 1년을 들여 귀여운 캐릭터를 만들었다고 하자.

여기서 판매하기를 포기하고 1억 명에게 무료로 사용하게 하면 10명일 때와 마찬가지로 먹고살 수 없을까? 아니다. 10명이 사용할 때와는 달리 여기서는 '1억 명이 사용'한다는 가치가 생긴다.

그 순간 어떤 기업으로부터 연락이 온다. "1억 명이 사용하는 당신의 캐릭터와 협동 작업을 하고 싶네요"

그 순간 "1억 명이 사용하는 캐릭터를 탄생시킨 작가의 이야기를 듣고 싶다"며 강연회나 서적 출판 이야기가 온다.

당연히 "아니, 아니야. 1억 명을 상대로 하더라도 사용료는 받을 거야. 모두가 돈을 내지 않더라도 100만 명이 돈을 내면 나는 충분히 생활할 수 있으니까!"라는 선택지도 있지만 "무료로 제공해 1억 명이 써 주면 나중에 얼마든지 돈으로 만들 수 있다"는 선택지도 있다.

다만 분명하게 말할 수 있는 것은, 인구가 10명이라면 후자와 같은 선택지는 없다.

저작권의 필요도는 인구에 좌우된다.

경우에 따라 저작권을 버리는 편이 매상을 올리는 경우가 되기도 한다. 그것은 때때로 '권리를 행사할 수 있는 입장에 있는 사람'의 목적에 따라 최선의 선택을 하면 된다.

"저작권을 풀면 먹고살 수가 없어!"라며 화를 내는 사람에게 여기서 말해 두고 싶은 점은 '때와 장소에 따라 다르다'는 점이다.

'저금'에서 '신용 저축'의 시대로

그리고 한 가지 더.

돈을 위한 저작권이라면 더욱더 권리를 개방해 가능한 많은 사람이 사용할 수 있도록 하고 그것으로 많은 사람들의 생활을 지탱함으로써 '사용하게 해 줘서 고맙다'는 신용을 쌓는 게 더 낫다.

그렇게 얻은 신용은 크라우드 펀딩이나 온라인 살롱 같은 '신용으로 돈으로 바꾸는 장치'를 통해 필요할 때 필요한 만큼만 돈으로 바꿀 수 있으니까.

일테면 '가위바위보'가 있다.

가위바위보에는 저작권이 없지만 '가위바위보를 고안한 사람은 누굴까?'라는 권리 소재가 명확해지기만 한다면 그 고안자는 지금 쌓이고 쌓인 신용을 이용해 얼마든지 돈을 만들 수 있을 것이다.

곧 '저금'의 시대가 끝나고 신용을 쌓는 '신용 저축'의 시대가 온다. 아니, 이미 왔다.

신용을 모으는 것이 힘이 되는 시대에 정말 저작권은 필요할까?

자신의 목적은 무엇인가?

무엇을 위한 저작권인가?

하나씩 따져 보자.

책을 팔고 싶다면
스스로 1만 부를 사라.
여기서 필요한 것은
'재력'이 아니라
'노력'이다

『굴뚝 마을의 푸펠』을 개인적으로 1만 부 구입한 이유 ①

개인적으로 『굴뚝 마을의 푸펠』을 1만 부 샀다. 이유는 3가지다.

우선 첫 번째.

여하튼 한 명이라도 많은 사람에게 『굴뚝 마을의 푸펠』을 전해야겠다는 생각에서 가능한 빨리 예약 주문을 받으려고 움직인 결과 아마존이 가장 빠르게 발매 3개월 전부터 예약을 받아 준다는 것이었다.

참고로 발매 직후에 서점 진열대에 놓였다고 해도 2~3주만 지나면 책장으로 밀려난다. 책장으로 밀려나면 바로 손에 닿을 확률이 떨어진다.

즉 책이라는 것은 4개월 이내에 팔아야만 하는 것이다.

이런 바보 같은 일이 있을까?

사과나 피망과 달리 책은 썩지 않는다. 썩지 않는 것에 유통 기한(판매 기한)이 있을 리 없지 않나.

기간 안에 팔아야만 한다는 것은 서점이나 아마존의 사정이지 『굴뚝 마을의 푸펠』의 사정이 아니다.

내가 파는 것은 『굴뚝 마을의 푸펠』이니까 『굴뚝 마을의 푸펠』의 사정에 맞는 판매 방식을 취해야만 한다.

『굴뚝 마을의 푸펠』은 제작에 여러 해가 걸렸다. 그 과정 중에 "갖고 싶다!"는 독자의 소리가 도착했다. "그렇다면 '발매 3개월 전부터 예약 접수' 같은 한심한 소리는 때려치우고 훨씬 전부터 예약을 받자. 아마존이 안 된다면 스스로 예약 판매 사이트를 만들면 된다"고 주장하고 '30초면 인터넷 숍을 만들 수 있다'고 내세우고 있는 'BASE'를 이용해 『굴뚝 마을의 푸펠』의 판매 사이트를 만들어 아주 이른 단계에서 예약 판매를 시작했다.

『굴뚝 마을의 푸펠』을 개인적으로 1만 부 구입한 이유 ②

두 번째 이유는 『마법의 컴퍼스~길 없는 길을 걷는 방법』의 실패에 있다.

『마법의 컴퍼스』는 비즈니스 서적으로는 이례적으로 10만 부를 돌파하며 베스트셀러가 되었다. 그러나 결과론이지만 아무리 적게 잡아도 그보다 1.5~2배는 더 팔 수 있었다고 나는 생각한다.

발매한 지 약 한 달 동안, 아마존에서 품절이 이어졌던 것이다. 너무나 빤한 기회 손실로 『마법의 컴퍼스』는 가장 많이 팔아야 했던 때를 그냥 놓쳐 버렸다.

품절이 한 달 동안 이어진 원인은 3가지 꼽을 수 있다.

'『굴뚝 마을의 푸펠』을 개인적으로 1만 부 구입한 3가지 이유'와 뒤죽박죽이 될 테니까 '『마법의 컴퍼스』의 품절이 한 달 동안 이어진 3가지 원인'을 A, B, C라고 하자.

품절이 이어진 원인【A】
《매장에 대한 인식을 출판사와 공유하지 못했다》

한마디로, '책'이라 해도 작품이나 작가의 캐릭터, 작가의 팬층에 따라 '잘 팔리는 매장'은 다르다.

내 경우 (특히 비즈니스 서적이 되면) 인터넷 기사나 내 페이스북, 블로그가 통로가 되는 경우가 많기 때문에 실제 점포에서의 매상은 참고 정도로 하고, 인터넷 서점에서 재고를 확보하는 게 타당할 것 같았다.

그런데 뚜껑을 열어 보니 내 생각대로 되어 있지 않았다.

이는 내 팬이나 내 정보가 어디서 가장 많이 다뤄지는지를 가장 잘 파악하고 있던 내가 그 점을 사전에 출판사에 설명하지 않았던 데서 일어난 실수다.

'그런 거야 당연히 알고 있겠지'라는 태만함이 부른 결과일 뿐이다. 제대로 머리를 맞대고 얘기했어야만 했다.

품절이 이어진 원인【B】
《출판사와 신뢰 관계가 쌓여 있지 않았다》

발매 전의 예약 움직임을 보고 바로 출판사에 중쇄를 원한다고 연락했는데 "조금 더 상황을 보자"며 거절당했다.

작가의 중쇄 요구는 그리 드물지 않다. 그 요구에 응해 적자를 본 경험이 과거에도 있었겠지. 출판사가 신중해지는 원인도 잘 안다.

하지만 나는 감정에 따라 중쇄 요구를 했던 게 아니다.

이렇게 보여도 실은 산수에 아주 강하고 참고로 오셀로에서는 져 본 적이 없다. 부디 다음에는 지는 방법을 알려주길 바란다.

아무리 주판알을 튕겨도 『마법의 컴퍼스』는 대히트의 흐름이었다.

미움받을 각오로 진심을 얘기하자면 "내가 된다고 외칠 때는 된다니까!"라고 말하고 싶다. 평소부터 거래하던 겐토샤(그림책은 모두 겐토샤)의 담당자라면 "잘은 모르겠지만 니시노 씨가 된다고 하니 해 보죠!" 하고 GO 사인을 내주었을 텐데 사실 이것도 오랫동안 쌓은 신뢰 관계가 있었기 때문이다.

아무리 인터넷이 보급되고 AI가 활약한다고 해도 마지막 결정권은 '인간'에게 있다. 신뢰 관계가 없는데 "괜찮아! 잘 될 테니까!"라고 해 봤자 아무런 소용이 없다.

출판사에 잘못은 없다. 그 시점에서 신뢰를 얻지 못한 내 실수다.

참고로 『굴뚝 마을의 푸펠』의 무료 공개는 요시모토홍업* 사장의 허가도, 겐토샤 사장의 허가도 받지 않고 (허락을 받으러 가면 틀림없이 말릴 테니까) 담당 편집자와 매니저, 가까운 스태프끼리 쿠데타처럼 저지른 것이다.

매상이 멈췄거나 떨어졌으면 누군가의 목이 날아갔을지도 모르지만 "괜찮아. 반드시 잘될 거야"라는 말에 모두 따라 주었다. 그것도 모두 신뢰 관계이다.

당연히 그때 누군가의 목이 날아갔다면 나는 아르바이트라도 해서 평생 그를 먹여 살릴 각오였다.

품절이 이어진 원인 【C】
《초판부수의 예상 실패》

『마법의 컴퍼스』의 초판 발행 부수는 8000부. 참고로 이번 『혁명의 팡파르』 초판 발행 부수는 7만 부이다.

---
* 일본 최대의 개그맨 매니지먼트사. 유명 개그맨과 개그맨 출신 MC를 보유하고 있다.

내 비즈니스 서적은 전례가 없었기 때문에 크게 다룰 수 없어서 8000부였다.

초판 발행 부수가 10만 부였다면 '재고 없음'이라는 사태는 일어나지 않았겠지만 "아이고, 초판 발행 부수를 좀 더 올려!"라고 말해 봤자 출판사가 무슨 근거로 올리겠나?

초판 발행 부수를 올리려면 그에 상응하는 이유가 필요하다. 발행 예상이 너무 낮았던 원인을 더 파헤치면 '초판 발행 부수를 끌어올릴 만한 그에 상응하는 이유'를 내가 제시하지 못했던 데 있다.

이 또한 내 실수다.

『굴뚝 마을의 푸펠』에서 이런 실수를 되풀이할 순 없다.

다행히 『굴뚝 마을의 푸펠』의 담당 편집자는 10년이나 함께 일해 왔기 때문에 A와 B는 해결했다.

문제는 C이다. 이 점을 해결하려면 확실히 팔린다는 예상치가 있음을 출판사에 제시할 필요가 있었다.

그런 점도 있어서 개인적으로 판매 사이트를 열고 상당히 빠른 단계에서 예약 판매를 시작했다.

겐토샤 측은 "『굴뚝 마을의 푸펠』의 초판 발행 부수를 1만 부로 하겠다"고 했는데 나는 "이미 1만 부 이상의 예약을 받았는데 괜찮겠어요?"라고 대답해 결국 『굴뚝 마을의 푸펠』은 초판 발행 부수 3만 부로 시작하게 되었다.

'교섭하려면 교섭할 재료가 필요하다'는 말이 있다.

『굴뚝 마을의 푸펠』을 개인적으로 1만 부 구입한 이유 ③

무료로 공개하거나 저작권을 풀거나 하는 정보전을 펼쳐 순식간에 수만, 수백만, 수천만 명에게 확산되는 모습을 직접 보고 있자니 '니시노 아키히로'라는 육신을 가진 존재의 가성비가 얼마나 형편없는지 뼈저리게 느껴졌다.

니시노 아키히로의 육체는 하나밖에 없기 때문에 현장에 발을 들여놓는 순간 그대로 내 시간을 빼앗긴다.

나의 당면 목표는 월트 디즈니를 쓰러뜨린다는 것인데 하루 24시간으로는 도저히 이뤄 낼 수가 없다.

내 시간은 최소한 하루에 100~150시간은 필요하다.

그런 관점에서 생각하면, 예를 들어 와이드 쇼에 출연해야 한다면 어떤 스튜디오에 가는 게 좋을까? 아니면 내가 다른 일을 하는 사이에 와이드 쇼 출연자가 내 이야기를 하도록 하는 게 좋을까?

대답은 명백하다. 하루 24시간을 30시간, 40시간……으로 늘리기 위해서는 다른 사람의 몸을 빌리고 다른 사람의 시간을 빼앗는 수밖에 없다. 그래서 '어떤 액션을 취하면 다른 사람이 나에게 시간을 사용하고 싶어질까'를 생각했다.

자, 이제 본론이다.

『굴뚝 마을의 푸펠』을 개인적으로 1만 부나 산 세 번째 이유에 대해.

책 1만 부를 사는 데 1엔도 들지 않는다

'킹콩 니시노, 그림책 1만 부 구입!'이라는 뉴스가 나오면 본질을 알기도 전에 "돈으로 모든 걸 말하는구나!" "정정당당하게 살아!" 같은 비난의 소리를 하는 사람이 있을 것이다.

대형 음악 사무소가 돈으로 해결하려고 자사 아티스트의 CD를 대량으로 사 오리콘 랭킹을 올리는 이른바 '사재기'와 구별이 되지 않는 것이다.

대형 음악사무소가 한 짓은 사무소 창고에 몰래 재고의 산이 생기겠지만 내게는 단 한 권의 책도 남아있지 않다.

당연하다.

1만 명의 예약 판매를 끝내고 그 사실을 출판사에 전달해 출판사로부터 1만 부를 사서 그것을 예약자에게 보냈기 때문이다. 남은 재고는 없다.

나는 출판사로부터 1만 부의 그림책을 샀지만 나는 한 푼도 지불하지 않았다.

예약자로부터 받은 돈을 출판사에 건넸을 뿐이다.

"돈으로 모든 것을 해결"한다는 비판이 얼마나 빗나간 것인지 알아줬으면 한다. 물론 당연히 이런 핵심에서 빗나간 비판은 트위터나 페이스북을 통해 공유했다.

오셀로의 통로를 완전히 제압하고 있었기 때문에 가운데를 아무리 공격당해도 나중에 모두 뒤집을 수 있다.

책 1만 부를 구입하면 얻을 수 있는 것

'체력으로 밀어붙여' 예약자에게서 받은 돈을 출판사에 건네고, 출판사에서 받은 책을 예약자에게 건넨다. 한 일은 단순한 중개이다. 당연히 그에 따라 초판 발행 부수가 늘어났다는 장점이 있지만 손에 돈이 들어오는 것도 아니고 재고가 남는 것도 아니다.

다만 돈이나 재고보다 『굴뚝 마을의 푸펠』의 광고에도 사용할 수 있는 아주 큰 아이템이 남는다.

'영수증'이다.

1만 몇천 부의 영수증
그 액수는 무려 '2435만 1138엔'

그림책 1만 부의 영수증.

엄밀하게 말하면 1만 몇천 부 분량의 영수증.

그 액수는 무려 '2435만 1138엔'이다.

영수증으로 이런 액수를 보기는 상당히 어려울 테니까 발표하면 다른 사람이 시간을 써 줄 거라고 예상했다.

다음은 '2435만 1138엔'의 영수증을 사진으로 찍어 인스타그램에 올리면 그만이다. 이토록 포토제닉한 종잇조각이 어디 있을까.

올린 그 주에 각 방송국의 와이드 쇼가 이 화제를 다뤘다.

그 무렵 "요즘 TV에 자주 나오더라"는 말을 들었지만 물론 나는 1초도 스튜디오를 방문한 적이 없다.

아마 대다수의 시청자는 스튜디오에 '있는지 없는지'보다 스튜디오 출연이든 어디선가 주워 온 옛날 VTR이든 TV화면에 '나오느냐 안 나오느냐'로 출연 횟수를 셀 것이다.

그렇다면 더욱더, 그 광고 안건에 대해, 내 몸을 어디에 두면 보다 가성비가 좋을까?

이 부분을 파헤쳐 실험하는 것도 흥미롭다.

'세컨드
크리에이터'를
내 편으로
만들어라

'만드는 사람'을 늘린다

인터뷰 같은 데서 "『굴뚝 마을의 푸펠』은 어떻게 만들었나요?" "『굴뚝 마을의 푸펠』을 어떻게 많은 사람들에게 알릴 수 있었나요?"라고 아주 쉽게 묻는데 이미 아시는 대로 10초나 20초 만에 대답할 수 있는 일이 아니다.

여러 장치를 생각하고 또 생각해 준비했던 것이다.

그러므로 『굴뚝 마을의 푸펠』을 사람들에게 전하기 위한 장치 이야기는 아직도 남아 있다.

이제부터 말할 내용의 앞부분은 역시 『마법의 컴퍼스』의 복습이므로 이미 알고 있는 분은 두 꼭지는 건너뛰고 '세컨드 크리에이터와의 공동 창작'으로 넘어 가시길.

자, 그럼.

'『굴뚝 마을의 푸펠』의 제작 방법' 항목에서 "『굴뚝 마을의 푸펠』은 크라우드 펀딩으로 자금을 모아 제작을 시작했다"고 썼다. 물론 거짓이 아니다.

다만 거기서는 크라우드 펀딩의 '진정한 활용 방법'에 대해서는 다루지 않았기에 이 타이밍에서 얘기해 두자. 이것도 '광고' 이야기이다.

『굴뚝 마을의 푸펠』을 위해 수행했던 크라우드 펀딩은 두 번. 총 9550명의 후원을 받아 합계 약 5650만 엔이 모였다.

TV에서도 크게 다루어져 스튜디오에 있던 패널들이 "정말 5600만 엔을 다 쓸 거야? 자기가 챙기는 거 아냐?"라며 짓궂은 농담을 던지기도 했다.

크라우드 펀딩에 대한 인식이 완전히 틀렸다.

바보 같은 짓만 하면서 내년 여름까지 그냥 뻗어 있어라.

크라우드 펀딩에는 크게 3가지가 있다.

'기부형'과 '구입형'과 '금융형'이다.

다 설명하기 성가시므로 여기서는 '기부형'과 '구입형'만 설명한다. '금융형'은 그 이름을 통해 대충 이해하기 바란다.

우선 '기부형 크라우드 펀딩'이라는 것은 그야말로 완전히 '기부'이다.

3000엔을 후원했다면 "그대로 3000엔을 전부 사용하세요"라는 것이 '기부형'이다. 재해가 일어났을 때의 '모금'을 떠올리면 이해하기 쉬울 것이다.

다음으로 '구입형 크라우드 펀딩'에 대해.

『굴뚝 마을의 푸펠』을 비롯해 대부분의 크라우드 펀딩이 이 '구입형'인데 이것은 '기부형' 크라우드 펀딩과 달리 "3000엔을 지원해 주신 분에게는 ○○를 돌려드립니다"라는 명확한 보수(리워드)가 있다.

굳이 말하자면 '예약 판매'와 같은 상황이다.

내 경우 3000엔을 지원해 주신 분에게 '그림책 완성품에 사인을 해 보내 주겠다'는 리워드를 걸었다.

당연히 리워드에도 비용이 든다.

그림책의 원가가 2000엔이고 우편으로 보내면 플러스 360엔. 거기에 사이트 수수료부터 리워드를 보관하는 창고비용, 스태프의 급료까지 더하면 3000엔을 후원받는다고 해도 사용할 수 있는 돈은 200~300엔이라는 얘기가 된다.

리워드는 여러 종류를 준비했기에 경우에 따라서는 3000엔의 후원에 대해 4000엔어치의 리워드를 보내기도 한다..

그렇다면 말이다.

5600만 엔을 모았다고 해도 5600만 엔을 몽땅 쓰는 게 아니라 리워드에 5500만 엔이 든다면 사용할 수 있는 돈은 100만 엔이고, 리워드에 6000만 엔이 든다면 5600만 엔을 모았다고 하더라도 400만 엔을 더 지불해야만 하는 상황이 된다.

크라우드 펀딩에서 100억 엔을 모았더라도 사용할 수 있는 돈이 10엔인 경우도 있다.

크라우드 펀딩이 미디어에서 다뤄질 때 늘 '금액'이 주목되는데 크라우드 펀딩의 금액에는 아무런 가치도 없다.

관심을 가져야 하는 것은 모금액이 아니라 다른 숫자이다.

후원자 수이다.

『굴뚝 마을의 푸펠』로 말하자면 약 1만 명이다.

일테면 나와 당신이 수없이 의논해 1년이라는 시간을 투자해 열심을 책을 만든다고 치자.

그럼 그 책은 최소한 2부는 팔린다. 나와 당신이 살 테니까.

둘이 만든 책을 2부 판다면 10만 명이 만든 책은 10만 부는 팔린다.

이제까지 우리들은 '어떻게 하면 고객을 늘릴까?'를 놓고 경쟁해 왔는데 그런 짓을 하지 않아도 된다. '만드는 사람'을 늘리면 된다. 만드는 사람은 그대로 소비자가 되니까.

『굴뚝 마을의 푸펠』에서 크라우드 펀딩을 이용한 진짜 목적은 만드는 사람을 늘리는 데 있다.

결과적으로 1만 명의 만드는 사람이 생겼고 예약 판매 단계에서 그대로 1만 부가 팔렸다.

크라우드 펀딩은 자금 조달의 도구가 아니라 공범자를 만드는 도구이다.

『굴뚝 마을의 푸펠』의 성공에 힘입어 요시모토흥업이 '차기작의 제작비를 전액 부담'하겠다고 했지만 물론 거절했다.

만드는 사람이 나와 요시모토흥업으로 줄어들면 매상 규

모가 작아지기 때문이다.

'체험×기념품'으로 작품을 판다

『굴뚝 마을의 푸펠』을 팔아야겠다고 생각했을 때 그 전에 우리들(소비자)이 '사는 물건'과 '사지 않는 물건'을 정리하기로 했다.

우리는 책이나 CD 같은 '작품'은 그다지 사지 않지만 물이나 우유, 쌀, 빵 같은 '생활필수품'은 매일 산다.

우리가 '사는 물건'과 '사지 않는 물건'을 구분하는 기준은 단순명쾌하다. '생활에 필요한지 아닌지'이다.

'작품'은 살아가는 데 '그다지 필요하지 않기' 때문에 그다지 사지 않는다.

그러나 무슨 연유에선지 기어이 사고 마는 '작품'도 있다. '기념품'이다.

저명한 조각가의 작품은 사지 않지만 싱가포르에 갔을 때 작자 불명의 '머라이언' 장식품에는 손이 나간다.

책을 살 때는 그토록 망설이면서 연극을 보러 갔을 때 '팸플릿'에는 쉽게 손이 나간다. 책과 비교하면 훨씬 양이 적고 가격은 비싼데 말이다.

여기서 우리들의 행동 패턴을 알 수 있다.

아무래도 우리들은 '작품'에는 돈을 내지 않지만 '추억'에는 돈을 내는 것 같다.

'기념품'이 되면 바로 지갑을 연다.

왜일까?

그것은 '기념품'이 즐거웠던 일을 떠올리게 하는 장치로 '필요'하기 때문이다.

우리들은 얼핏 작품 같은 '기념품'을 책이나 CD라는 '작품'의 카테고리에 넣지 않고 있다. 오히려 물이나 우유, 쌀, 빵 같은 '생활필수품'의 카테고리에 넣고 있다.

'기념품'은 생활필수품이었던 것이다.

그래서 '기념품'은 사 버리고 마는 것이다.

그래서 모든 직업이 무서운 속도로 사라지고 있는 가운데 그토록 아날로그적인 '기념품 가게'는 오늘도 북적이고 있다.

'기념품'이 팔린다면 자신의 작품은 '기념품'처럼 만들면 된다.

'기념품'에 필요한 것은 싱가포르 여행이나 연극 관람이라는 '체험'이다.

'기념품'은 반드시 '체험'의 출구에 있다.

그런 관계로 나는 어느 순간부터 내 그림책의 개인전을 적극적으로 개최하고자 했다. 그리고 그 출구에서 그림책을 팔면 미친 듯 팔렸다. 그림책으로가 아니라 개인전의

'기념품'으로 팔린 것이다.

전에도 말한 것처럼 책에는 '4개월 이내에 팔아야 하는' 유통 기한(판매 기한)이 있는데 개인전의 '기념품'으로 만들면 유통 기한이 사라진다. 개인전을 계속하는 한 유통 기한에서 해방되어 계속 팔 수 있다.

매상이 멈출 일도 없기 때문에 이론 상 10만 부도, 100만 부도 팔 수 있다.

그렇다면 다음은 '얼마나 시간을 단축할 것인가'이다. 10년 동안 100만 부를 팔 것인가, 아니면 3년 만에 100만 부를 팔 것인가.

『굴뚝 마을의 푸펠』은 '그림책으로 이 정도 팔렸으면 다행'일 정도만 해 두고 개인전 〈굴뚝 마을의 푸펠 빛나는 그림책 전시회〉와 연계하자 그 상품(기념품)으로 확실히 팔려 나갔다.

세부적인 이야기이긴 하지만 『굴뚝 마을의 푸펠』의 발매일이 10월 25일이 된 이유는 11월 초부터 시작되는 개인전 〈굴뚝 마을의 푸펠 빛나는 그림책 전시회〉에 맞추기 위해서다.

만약 〈굴뚝 마을의 푸펠 빛나는 그림책 전시회〉가 5월부터 시작되었다면 『굴뚝 마을의 푸펠』의 발매일은 4월 말이 되었을 것이다.

개인전에 맞추어 본체인 그림책의 발매 날짜를 옮길 정

도로 나는 '기념품'에 중점을 뒀다.

기습작전처럼 보이지만 '체험×기념품'이라는 판매 방법은 앞으로는 스탠더드가 될 것이다.

대부분의 오락은 스마트폰으로 충분하다. 하루 종일 스마트폰만 만지고 있어도 지루하지 않다. 스마트폰이 담당하지 못하는 오락이라고 한다면 남은 것은 '체험'밖에 없다.

사람은 '체험'을 하면 그 '체험'을 가족이나 친구와 공유하기 위해 '기념품'을 산다.

작품만으로는 스마트폰을 이길 수 없다.

작품과 동시 진행으로 '체험'을 만들고 그 '체험'의 '기념품'에 작품을 넣을 필요가 있다. 이것이 현 시점에서 작품을 확실히 팔 수 있는 방법이다.

'상품의 소비에서 체험의 소비로 바뀌는 시대'라고들 하는데 여기서 말하고자 하는 것은 '상품의 소비에서 상품과 체험의 소비'라는 점이다.

상품은 체험과 결부시키면 확실히 팔린다.

세컨드 크리에이터와의 공동 창작

자, 이제부터 본론. '세컨드 크리에이터'에 대한 이야기이다. 『마법의 컴퍼스』를 읽고 "체험×기념품" 전략 이야기는 아는' 분들은 여기서부터 읽으면 된다.

『굴뚝 마을의 푸펠』의 크라우드 펀딩은 두 번에 걸쳐 이루어졌는데 두 번째는 "킹콩 니시노의 개인전 〈굴뚝 마을의 푸펠 전시회〉를 입장료 없이 개최하고 싶다!"라는 제목을 달고, 무료 개최에 필요한 비용을 모집해 6257명에게서 4637만 3152엔을 모았다.

여기서 중요한 것은 "많은 사람에게 후원을 받아 많은 돈을 모았다. 야호!"로 끝날 게 아니다.

사전을 찾으면 '광고'는 '널리 세상에 알리는 것. 특히 상품이나 흥행물 등을 널리 알려 사람들의 관심을 끄는 행위'라고 되어 있다.

내가 고지하고 고객이 모인다…… 그걸로 끝내면 내 팬 외에는 모을 수 없다. 널리 세상에 알릴 수 없으므로 이런 것을 광고라고는 부를 수 없다.

자신의 팬이 아닌 사람들에게 알릴 장치가 필요하다. 그래서 크라우드 펀딩의 '대가(리워드)'를 이용하기로 했다.

이런저런 리워드를 준비했지만 『굴뚝 마을의 푸펠』의 '광고'로서 가장 훌륭하게 기능한 리워드가 '〈굴뚝 마을의 푸펠 빛나는 그림책 전시회〉의 개최 권리'였다.

〈굴뚝 마을의 푸펠 빛나는 그림책 전시회〉에서 전시하는 그림은 종이에 그려진 그림과는 다르게 특수한 필름 프린트를 거쳐 뒤에서 LED 라이트를 비춰 '작품 그 자체'가 빛난다.

한 세트를 만드는 데 수백만 엔이 들었는데, 이 작품이 전시될 전시회를 요시모토흥업과 이벤트 운영회사가 아니라 일반인에게 맡기기로 했다.

그림책과 마찬가지로 전시회를 만드는 사람도 늘리기 위해서다.

회사에서는 "아마추어가 그림을 제대로 관리할 수 있을 것 같지 않습니다. 작품이 훼손되면 어떻게 합니까? 만약 도난당하면 어쩔 셈입니까?"라고 혼을 냈지만 도난당하면 최고의 상황이다.

「킹콩 니시노의 그림이 도난당하다」라는 뉴스가 나오면 확실히 도난당한 그림이 화면에 등장하리라.

광고비 한 푼 쓰지 않고 말도 안 되는 광고 효과를 얻고 「도난당한 그림을 찾자!」라는 〈명탐정 코난〉 같은 기획도 생겨 그게 또 광고가 된다. 진정한 미스터리 풀이 게임이다.

완벽하게 안전한 요시모토흥업 창고에 보관해 둔다고 해서 한 푼도 생기지 않는다.

스스로 운영하지 않는다

'〈굴뚝 마을의 푸펠 빛나는 그림책 전시회〉의 개최 권리'는 30만 엔에 판매했다.

한 달 동안 그림을 자유롭게 사용하고 입장료를 받든 안

받든 자유다.

관련 상품 제작도 자유.

그렇게 올린 매상은 전액 가져도 OK.

참고로 내 토크쇼를 특전으로 더했다.

물론 토크쇼 티켓 판매액도 전부 주최자 차지이다.

이벤트를 디자인할 때는 주최자에게 흑자가 나도록 설정했다.

더 나아가 '주최자에게 흑자가 나지 않으면 의미가 없다'고 생각했다.

『굴뚝 마을의 푸펠』로 생활할 수 있는 사람이 늘면 늘수록 『굴뚝 마을의 푸펠』이 확산될 테니까.

주최자의 심리는 『굴뚝 마을의 푸펠』로 돈을 벌고 있다'는 것을 전면에 내세우고 싶지 않을지 모르지만 나는 되도록 주최자에게 "정말로 작품을 사람들에게 전하고 싶으시다면 〈굴뚝 마을의 푸펠 빛나는 그림책 전시회〉를 개최해 흥행에 성공했을 때 공표해 줬으면 좋겠습니다. 그래야 다음이 있으니까"라는 뜻을 전했다.

말하는 김에 이야기하자면 개그맨이 TV에 나와 "우리, 별로 돈을 못 번다"고 자학적으로 떠드는 바람에 개그맨 지망자가 극단적으로 줄어들었다.

현재 요시모토흥업 양성소는 늘 정원 미달이다.

'자신을 지킬 것인가, 개그계를 지킬 것인가'라는 커다란 문제에 직면하고 있다.

참고로 나는 개그맨 생활을 하며 25살에 자동차 2대를 굴렸고 모델이나 아이돌과 연애를 했고 도쿄 시내에 있는 집을 샀다. 개그맨, 할 만해.

광고의 연쇄

그리고 이 '〈굴뚝 마을의 푸펠 빛나는 그림책 전시회〉 개최 권리'에 흥미로운 일이 벌어졌다.

"〈굴뚝 마을의 푸펠 빛나는 그림책 전시회〉의 개최 권리를 사고 싶다"는 크라우드 펀딩이 각지에서 일어난 것이다.

크라우드 펀딩의 리워드를 사기 위한 크라우드 펀딩인 것이다.

이 '크라우드 펀딩의 리워드를 사기 위한 크라우드 펀딩'을 통해 『굴뚝 마을의 푸펠』을 알게 된 사람도 적지 않다.

당연하다. 이 '크라우드 펀딩의 리워드를 사기 위한 크라우드 펀딩'은 나나 내 동료가 아닌 지방의 아저씨나 학생이 주위 사람들에게 권해 시작한 것이니까.

광고를 만들 때는 자신의 손에서 벗어나더라도 이런 '광고의 연쇄'가 자연 발생하는 기초를 만드는 것이 중요하다.

요즘 시대, 재미있는 간판이 있으면 사진을 찍어 인스타그램에 올리고, 정부에 하고 싶은 말이 있으면 트위터에 글을 올린다. 감동을 받으면 페이스북에 글을 쓰고 일기는 블로그에 쓴다.

그것을 생업으로 하느냐 아니냐의 차이는 있지만 모든 국민이 창작자(정보발신자)이다.

창작자까지는 아니더라도 때때로 취미로 뭔가를 만드는 사람이 되려고 하는 세컨드 크리에이터(라디오 방송에 사연 당첨이 자주 되는 사람)의 층이 더욱 늘어났다.

돈을 내면서까지 〈굴뚝 마을의 푸펠 빛나는 그림책 전시회〉를 열고 싶어 하는 사람들이 바로 그런 사람들이다.

앞으로의 시대는 이 세컨드 크리에이터의 마음을 어떻게 흔들 것인가. 얼마나 '만들어 보고 싶다'는 생각을 들게 하는가에 달려 있다.

그것이 성공의 열쇠가 된다.

신용 시대의 선전은 입소문이 최강 입소문을 디자인하라

입소문이 최강

요시모토흥업의 공식 홈페이지에 "재미있으니까 오세요!"라는 문구보다 친구가 트위터에 "엄청 재미있어!"라고 쓴 글이 마음을 움직인다.

'추천'에 이익이 결부되어 있는 요시모토흥업과 이익과 관련이 없는 친구는 신용도가 다르다.

광고 담당자의 얼굴이 보이지 않는 요시모토흥업과 개인 정보를 드러낸 친구는 신용도가 다르다.

현대의 홍보 능력은 곧 신용의 힘이다. 신용이 담보되지 않는 광고에 광고 효과는 기대할 수 없다.

입소문이 최강이다.

그리고 다행히도 지금은 온 국민이 정보를 발신하는 시대가 되었다. 이런 상황이라면 광고는 '어떻게 입소문을 퍼

뜨릴 것인가?'의 승부에 달려 있다.

세컨드 크리에이터를 어떻게 움직일 것인가이다.

〈굴뚝 마을의 푸펠 빛나는 그림책 전시회〉는 그림에 빛을 쏘이는 게 아니라 그림 그 자체가 빛나고 있다.

그림 자체가 빛을 내기 때문에 갤러리 조명은 필요 없다. 무엇보다 처음부터 갤러리에서 전시할 필요가 사라진다.

갤러리에서 벗어나, 밤의 돗토리 사구나 터널 안, 셔터가 내려진 상점가에서도 개최할 수 있다.

2017년 봄에는 아오모리현의 히로사키 공원에서 개최해 밤 벚꽃과 어우러진 공연을 펼쳤다.

그림에 발이 달려 갤러리를 뛰어나와 걸어 다니는 이미지이다.

나아가 이 '그림이 걸어 다닌다'는 말이 비유에 그치지 않고 실제로 걷게 해야겠다고 생각했다.

41장의 빛나는 그림을 41명이 짊어지고 거리를 행진하며 걷는 개인전.

'만나러 가는 개인전'이 아니라 '만나러 오는 개인전'이다.

이 상태라면 집객은 전혀 고려하지 않아도 된다.

손님이 모여 있는 곳에 개인전이 찾아가면 그만이니까.

12월 31일에는 새해 기도를 하러 사람들이 모이는 메이지신궁에 가면 되고 야구 시즌에는 한신고시엔구장 출입구로 가면 된다.

요즘은 시부야 스크램블 교차로를 횡단해 볼까 계획 중이다. 이 책이 출판될 무렵에는 실행하고 있을 것이다.

길거리에서 내 마음대로 전시회를 열어 버리면 경찰이 화를 내겠지만 걷는 개인전에 경찰들이 다가오면 "운반 중입니다"라고 대답하면 그만이다.

그리고 무엇보다 〈굴뚝 마을의 푸펠 빛나는 그림책 전시회〉를 『굴뚝 마을의 푸펠』에 전혀 관심이 없는 사람들'에 알릴 수 있다.

그리고 그 사람들이 트위터나 인스타그램에 사진이나 감상을 올림으로써(입소문을 냄으로써) 『굴뚝 마을의 푸펠』에 전혀 관심이 없는 사람들'의 더 바깥에도 도달할 수 있다.

혼자 광고해선 안 된다. '광고하게 하는' 것이 중요하다.

자신의 작품과 사회를 일체화시켜라

1일 100시간 일한다

나 혼자만의 생각이지만 나는 월트 디즈니를 쓰러뜨리고 싶다. 이런 말을 하면 세상 사람들은 비웃지만 나 자신은 허세나 미친 게 아니라 진심이다.

다만 상대는 아주 막강하고 그의 표현은 현대의 천재들에게 계승되어 맹렬한 속도로 더욱 확대되고 있다.

당연하게도 나의 하루 24시간을 모두 활용해도 쫓아갈 수 있는 상대가 아니다.

그를 쫓으려면 하루 30시간, 40시간, 80시간, 100시간…… 더 많은 시간이 필요하지만 유감스럽게도 나의 하루는 24시간이다.

이 '1일=24시간'을 어떻게 해서든 늘려야만 한다.

1일=40시간, 1일=100시간……으로 늘려야만 한다.

자신의 시간을 늘리려면 다른 사람의 시간을 가져오는 수밖에 없다.

전에 말한 '와이드 쇼에 나가는 게 아니라 와이드 쇼 출연자에게 내 얘기를 하게 하는' 종류의 접근이 필요하다.

『굴뚝 마을의 푸펠』을 한 사람이라도 많은 사람에게 알리기 위해서는, 지독한 표현이긴 하지만 가능한 많은 타인의 시간을 사용해 전할 수밖에 없다.

자신이 움직여 1일=24시간으로 도달할 수 있는 범위에는 한계가 있다.

그런 까닭에 지금부터 내가 『굴뚝 마을의 푸펠』로 하려고 했던 일을 얘기한다.

당신의 경우를 대입해 이야기를 들어 주면 좋겠다.

할로윈이 크게 각광받다

『굴뚝 마을의 푸펠』의 제작에는 무려 4년 반이라는 시간이 걸렸다.

물론 순조롭게 일이 진행되었다면 이렇게까지 시간이 걸리지 않았을 것이다. 정말 여러 번 수정했다. 큰 궤도 수정만 두 번.

첫 번째는 제작 도중에 분업 체제로 변경한 것.

맞다, 처음에는 혼자서 볼펜 하나로 그리려고 했다.

몇 페이지(몇 개월 동안)를 그린 후 '응? 왜 그림책을 혼자 그려야 하지?'라는 의문을 품고 볼펜을 내던지고 분업 체제로 방향을 돌렸다.

두 번째는 분업 체제로 본격적으로 제작을 시작하고 나서 상당한 시간이 흘렀을 때였다.

원래『굴뚝 마을의 푸펠』은 할로윈에 대한 이야기로, '이 작품이 할로윈의 아이콘이 되었으면 좋겠다'는 정도의 생각을 가지고 있었는데 문제의 할로윈이『굴뚝 마을의 푸펠』제작 중에 떠 버린 것이다.

아니, 할로윈은 전부터 있었다. 있긴 있었지만 일부 사람들이 신나게 코스튬 플레이를 하고 요란을 떨긴 했으나 딴 사람이 보기에는 참 오랫동안 썰렁했던 지옥 이벤트였다.

그런데 인스타그램의 강력한 지원 덕분인지 완전히 떴다.

이토록 포토제닉한 이벤트는 어디에도 없다. 그토록 오랫동안 반응이 썰렁했는데 말이다. 지금 생각해 보면 화제가 되기 위해 태어났다고밖에 생각할 수 없는 이 이벤트는 단숨에 밸런타인 시장을 제치고 지금은 크리스마스 시장을 맹추격하고 있다.

그중에서도 핵심은 시부야 스크램블 교차로이다.

할로윈 밤의 시부야 스크램블 교차로는 지구상에서 가장 카오스적인 공간이라고 할 수 있다.

카메라를 목에 건 외국인도 일단 이곳을 노리고 온다.

다행히도 이런 핫 스팟을 우리 일본이 가지고 있다는 것이다.

한편, 문제도 있다.

열광과 동시에 발생하는 쓰레기다. 할로윈 다음 날의 시부야는 정말 쓰레기 천국이라 사회문제가 되었다.

여기까지 생각했을 때 깜짝 놀랐다.

"응? 할로윈? 쓰레기?"

이는 완전히 우연인데『굴뚝 마을의 푸펠』의 주인공 '할로윈 푸펠'은 '할로윈 밤에 찾아온 쓰레기 인간'이다.

게다가 또 다른 주인공인 '루비치'는 굴뚝 '청소부'로 왔다.

게다가 시부야에는 쓰레기 처리 시설이 있어서 거대한 굴뚝을 드러내고 있는 게 아닌가.

"모두 맞아떨어지잖아!"

바로 스태프를 소집했다.

"재패니스 할로윈(시부야 할로윈)의 아이콘이 되어 보자. 그리고『굴뚝 마을의 푸펠』을 할로윈을 대표하는 기념품으로 만들자"고 주장했다.

할로윈이라고 하면 '다들 하나같이' 호박, 괴물, 화질이 나쁜〈크리스마스의 악몽〉같은 걸 연상하는데 천만의 말씀! 재패니스 할로윈이 추수감사절이나 '죽은 자가 깨어나는 날'과 같은 문맥을 따를 수는 없다.

재패니스 할로윈은 세계 최대 규모의 코스튬 플레이 대

회이다.

할로윈을 해킹하다

재패니스 할로윈의 아이콘은 '코스튬 플레이'이자 '쓰레기'이다.

노리려면 그 코스튬 플레이나 쓰레기 둘 중 하나를 엮어야 한다. 그리고 『굴뚝 마을의 푸펠』이라면 엮을 수 있다.

다음은 작품 안의 '시부야 느낌'이 필요했기 때문에 배경 제작에 급제동을 걸고 굴뚝 마을을 '시부야 같은' 느낌으로 다시 그렸다.

"시부야 같은 느낌으로 다시 그리자!"라고 했을 때 스태프가 드러냈던 실망감은 엄청났다. 이 한마디로 몇 개월 동안의 작업이 물거품이 된다.

미안해요, 하지만 괜찮다. 이 정도의 손실이면 충분히 회복할 수 있다.

참고로 나는 매년, 할로윈 다음 날에 시부야에서 쓰레기를 주워서 서서히 '시부야의 쓰레기 줍기 대사' 같은 존재가 되고 있었는데 목적은 물론 『굴뚝 마을의 푸펠』을 재패니스 할로윈의 아이콘과 기념품으로 만드는 데 있다. '할로윈=쓰레기=푸펠'을 각인하는 작업이다.

행사의 아이콘이 되는 이유는 아주 사소한 데 있다고 생각한다.

밸런타인데이와 초콜릿은 아무 관계도 없고 세쓰분*과 에호마키**도 인과 관계를 전혀 알 수 없다.

산타클로스가 빨간 옷을 입는 이유는 코카콜라 회사의 사정 때문이다.

거기에 존재하는 것은 집념이라고 부를 만한 '각인 작업'이다. "밸런타인데이에는 초콜릿!"이라고 끝까지 주장했기에 밸런타인은 초콜릿 업계가 획득했다.

할로윈 다음 날의 쓰레기 줍기는 『굴뚝 마을의 푸펠』의 주인공인 굴뚝 청소부 '루비치' 차림으로 했다.

빨간 나비넥타이에 멜빵에 중절모 차림이다. 이것도 각인 작업이다. 여러 해 계속하는 동안 할로윈 쓰레기 줍기를 대표하는 복장이 되면 된다.

그러면 그림책 속의 일화를 현실 세계로 끌어낼 수 있다.

코카콜라 회사가 빨간 옷을 입은 산타클로스를 우리 일상에 녹여 냈듯 나는 현실과 판타지의 경계를 모호하게 만들고 싶다.

엔터테인먼트는 누가 시간을 뺏느냐의 싸움이다. 시간을 가장 많이 빼앗은 사람이 이긴다.

---

* 입춘 전날 밤인 2월 3일로 귀신 쫓기 행사를 함
** 운이 좋아진다는 초밥

참고로 '돈의 노예 해방 선언'은 영화 『굴뚝 마을의 푸펠』의 대사이다.

현실 사회로부터의 침투는 이미 시작되었다.

그림책을 정사각형으로 한 이유

『굴뚝 마을의 푸펠』의 주인공은 쓰레기 인간인 '푸펠'과 굴뚝청소부인 '루비치' 그리고 '굴뚝 마을'이다.

『굴뚝 마을의 푸펠』의 이야기를 만들 때 제일 먼저 '굴뚝 마을'이 처음으로 탄생했다.

거기에서 "이런 개성적인 마을을 살리려면 어떤 캐릭터가 어떤 이야기를 해야 할까?"라는 순서로 스토리를 짜 나갔다.

주인공 중 하나인 '굴뚝 마을'의 개성이라고 하면 무엇보다 '굴뚝 투성이'라는 점이다.

그런 '굴뚝 투성이' 느낌을 연출하는 데는 가로로 긴 화면이 보다 많은 굴뚝을 그릴 수 있어 좋겠으나 그림책『굴뚝 마을의 푸펠』의 페이지는 정사각형이다.

당연히 여기에도 광고와 관련된 이유가 있다.

'인스타그램'이다.

촬영이 허가된 개인전이든 그림책이든 어떻게든 인스타그램에 올라갈 수 없을까 생각했다.

우리들만 선전하는 게 아니라 독자들도 선전할 수 있게 하기 위해서다.

책 안에 촬영 스팟을 만든다

얼마 전, 호리에 다카후미 씨와 대담하다가 재미있는 이야기를 들었다.

호리에 씨가 써서 베스트셀러가 된 『다동력』의 확산 장치도 역시 인스타그램이었다.

각 목차는 한 페이지를 통째로 사용하고 2~3줄 정도의 격언을 적었다.

"책 안에 촬영 스팟을 만들었죠(웃음)." 담당 편집자인 미노와 씨의 말이다. 엄청난 장치였다. 멋지다.

모두가 쉽게 지나치는, 그런 아주 사소한 데까지 생각해 정성껏 디자인할 수 있는 사람이 히트작을 만드는 것이다. 히트에는 반드시 이유가 있다.

참고로 "호리에 씨. 이 아이디어, 제가 베껴도 될까요?"라고 물었더니 "괜찮아~"라는 대답을 받아서, 『혁명의 팡파르』의 각 소제목이 보시는 대로 이렇게 되었다.『다동력』보다 더 인스타그램에 올리기 쉽도록 챕터 시작 페이지의 소제목 레이아웃을 정사각형으로 했다.

여기서 무슨 말을 하고 싶으냐면 "여러분, 이 책을 찍어서 인스타그램에 감상을 올려 주세요"라는 것이다.

'#혁명의팡파르'라는 태그를 달아 주면 틀림없이 '좋아요'를 누르러 갈 것이다.

인스타그램까지의 길을 디자인한다

참고로 『굴뚝 마을의 푸펠』의 마지막 페이지는 영화처럼 제작 스태프의 크레디트를 실었다.

나 혼자가 아니라 분업 체제로 만들었다는 것을 알리고 싶었고 이를 통해 스태프들에게도 일이 생겼으면 좋겠다고 생각했기 때문에 출판사에 억지를 부려 페이지 수를 늘렸다.

한편 온라인에 무료 공개한『굴뚝 마을의 푸펠』에는 내 이름을 포함해 스태프 이름을 하나도 공개하지 않았다. 광고이기 때문이다.

15초의 코카콜라 광고 마지막에 감독이나 프로듀서, 미술감독, 메이크업 담당, 어시스턴트 등 촬영에 협력한 사람들의 이름이 나오면 광고 효과가 떨어진다. 광고 효과가 떨어지면 결과적으로 그 광고에 참여했던 사람들에게 일이

오지 않는다. 그것만은 피해야만 한다.

온라인에 스태프 크레디트를 드러내지 않고 무료 공개했더니 "니시노는 공을 혼자 독점하려고 한다!"는 비난이 대거 올라왔는데 스태프의 이름을 파는 것보다 종이 『굴뚝 마을의 푸펠』을 파는 게 스태프에게 더 이익이 돌아간다.

스태프 크레디트가 등장하는 광고를 본 적 있나?

온라인에 공개했을 때 히트할 수 있는 방법을 선택했을 뿐이지만 당연히 이러한 비판도 리트윗 하고 공유한다.

이야기를 돌리자.

이 종이 『굴뚝 마을의 푸펠』의 스태프 크레디트 페이지에는 모두가 힘을 합쳐 한 장의 그림을 그리고 있는 그림을 그렸는데 여기에 인스타그램 패널을 들고 있는 캐릭터가 등장한다.

가장 마지막에 독자들의 머리에 '인스타그램에 올리자'는 선택지를 각인하기 위해서다.

확실히 히트작을 내기 위해서는 수십, 수백 가지의 장치가 필요하다.

그리고 이들 장치는 모두 자신의 시간을 사용한 선전이 아니라 타인의 시간을 사용한 선전이다.

히트작을 연발하는 사람의 무서운 점은 이런 장치를 일상적으로 만든다. 그리고 처음에는 장치라고 여겼던 것들을 호흡처럼 당연하게 수행한다는 데 있다.

그러니 아무 생각도 없이 "팔려라, 팔려라!" 하고 빌기만 하는 사람이 성공할 리 없는 이유다. 히트의 신은 숫자에 미소를 짓는다.

자기계발서 같이 되어 버리는 건 싫지만 여기서 내가 제일 좋아하는 왕정치 씨의 말을 소개한다.

"노력은 반드시 보답한다. 보답하지 않은 노력이 있다면 그것은 아직 노력이라 할 수 없다."

노력의 양이 부족한 노력은 노력이 아니고, '이 노력이 정말 옳은가?'를 의심하지 않거나 시대에 어울리지 않는 잘못된 노력을 계속하는 것 또한 노력이 아니다.

상식을 의심하고 실천하고 수정할 부분을 찾아낸다. 더 발전시켜야 하는 포인트를 철저하게 발전시킨다. 그것의 반복이다. 그것 외에는 미래가 없다.

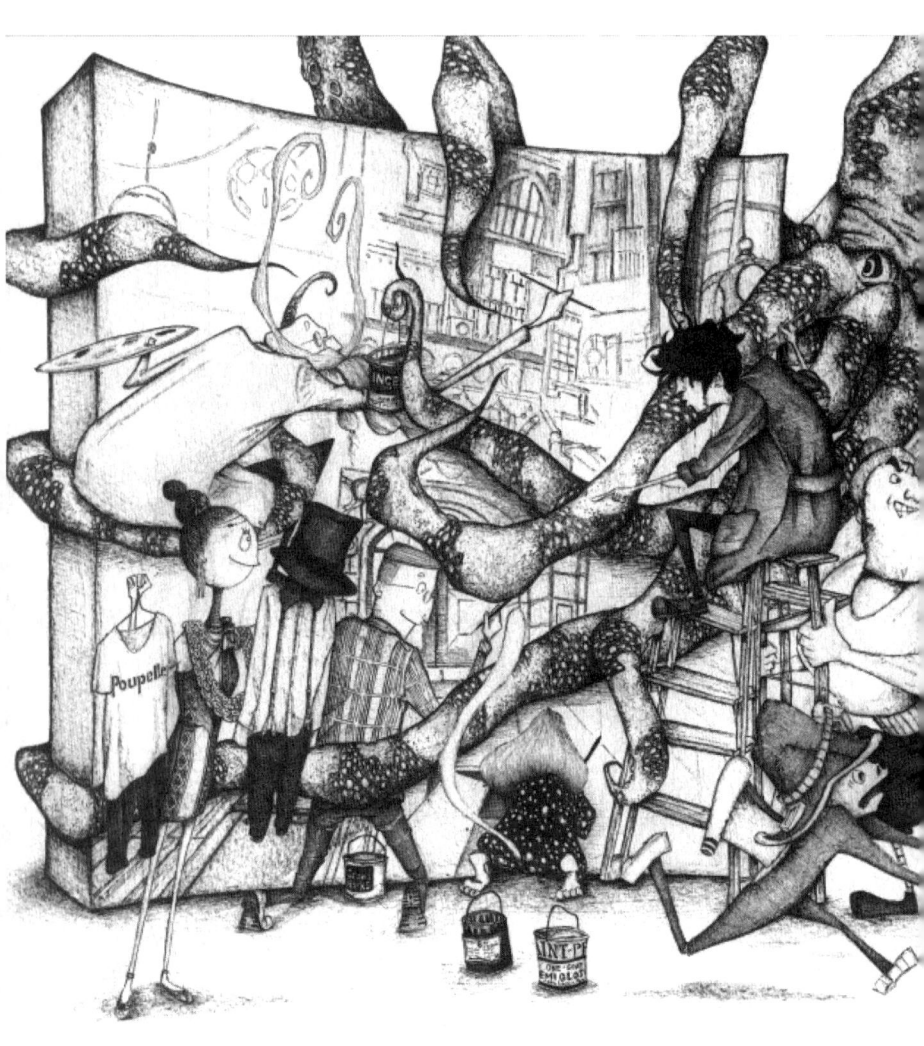

スタッフ Staff

絵・文・監督
Illustrator, Writer, Director
西野亮廣　Akihiro Nishino

メインイラストレーター
Main Illustrator
六七質　munashichi

アートディレクター (MUGENUP)
Art Director [MUGENUP]
島田彬　Akira Shimada
金田旭和　Akie Kaneda
岡本裕和　Hirokazu Okamoto
石井貴紀　Takanori Ishii
家治川真弘　Masahiro Kajikawa
秋吉美保　Miho Akiyoshi
新井佳澄　Kazumi Arai

イラストレーター (MUGENUP)
Illustrator [MUGENUP]
別府滴仲　Mitsunaka Beppu
寺迫良亮　Ryousuke Terasako
羽賀あゆみ　Ayumi Haga
青木真由美　Mayumi Aoki
岡本敏郎　Toshiro Okamoto
澤野雄介　Yusuke Sawano
山本麻美　Asami Yamamoto
堀口晃世　Akiyo Horiguchi
青木大地　Daichi Aoki
劉寧飛　Liu Ningfei
上野聡子　Akiko Ueno
中野紗央里　Saori Nakano
井上崇幸　Takayuki Inoue
坪田綾子　Ayako Tsubota
瀬尾友華里　Yukari Seo
景山知枝　Tomoe Kageyama
芦野優紀　Yuki Ashino
古舘幸一　Kouichi Furudate
きゅう　Kyu

3Dモデリング (MUGENUP)
3D modeling [MUGENUP]
木下洋輔　Yosuke Kinoshita

イラストレーター　Illustrator
瀬尾辰也　Tatsuya Seo
スタジオ　Suuuu Studio Suuuu
嘉志高久　Takahisa Kashi

制作進行 (MUGENUP)
Production assistant [MUGENUP]
所澤友大　Tomohiro Shozawa

制作統括 (MUGENUP)
Production supervisor [MUGENUP]
ペラン　アントワーヌ
Antoine Perrin

タイトルロゴデザイン
Title Logo Designer
ハヤシコウ　Ko Hayashi

ブックデザイン　Book designer
名久井直子　Naoko Nakui

翻訳　Translator
村田悟　Satoru Murata

뉴스를 내지 마라
뉴스가 되어라
자신의 시간을
사용하지 마라
타인의 시간을 사용해라

전혀 기능하지 않는 '정보 해금'

내가 주도하지 않는 기획 회의에서는 끝날 때가 되면 반드시 "정보 해금은 언제 하나요?"라는 말이 나온다.

사정상 공표할 수 없는 정보가 포함되어 있으면 정보를 숨기는 이유도 이해하겠으나 공표하면 안 되는 정보가 없는 경우에도 "정보 해금은 언제 할까요?"라는 말이 등장한다. 그러니까 습관 같은 것이다.

이전에 CD재킷 작업을 부탁받은 적이 있다.

내가 참여했으니 한 장이라도 많이 팔리는 게 좋을 것 같아 "제작 과정을 보여 주면 어떨까요? 실제로 적용할지는 아닐지는 일단 제쳐두고 일반인들의 의견을 받아 공범자를 만들면서 추진해 보지 않으실래요?"라고 제안했다.

그러나 "아직 정보 해금 전이니까 하지 마세요"라는 답이 돌아왔다.

몇 개월 후, 정보 해금 시간을 다 채운 뒤 레코드 회사가 공식 트위터에 정보를 풀었는데 열광적인 팬 20~30명 정도만 리트윗을 하고 더는 퍼지지 않았다.

소설 표지 일러스트를 담당했을 때도 마찬가지였다.

"정보 해금 전이니까 밝히지 말아 주세요"라고 못을 박았다. 이번에도 역시 정보 해금 시간을 다 채운 뒤 출판사가 공식 트위터에 정보를 올렸다. 마찬가지로 20명 정도만 리트윗 하고 조용히 묻혔다.

당연한 결과라는 얘기밖에 할 수 없다.

광고만 하는 계정이니 광고 효과가 있을 리 없다.

나도, 당신도, 레코드 회사의 홍보 담당자도, 출판사의 홍보 담당자도 자신의 타임라인에 흘러온 광고는 지나친다. 사실 웬만한 팬이 아니고서야 광고 계정 같은 것은 팔로우하지도 않는다.

한편 '정보 해금'이 기능하는 경우도 있다.

밴드 Hi-STANDARD의 신보는 철저하게 정보를 감췄다가 어느 날 갑자기 전국 점포에 일제히 진열되었다.

SNS를 통해 "하이스탠다드의 신보를 팔고 있어!"라는 정보가 돌았고 뉴스가 되었다.

중요한 것은 뉴스를 내는 게 아니라 뉴스가 되는 것이다.

'뉴스가 되는' 것은 타인의 시간을 사용하고 있다는 말이다.

'타인의 시간을 사용한다'는' 말은 뉴스가 되고 있는 시간이 연장되고 있다는 말이다.

정보를 푸는 날을 설정하는 게 뉴스가 된다면 그렇게 하는 게 좋다.

정보를 푸는 날을 설정하지 않는 게 뉴스가 된다면 설정하지 않는 게 좋다.

지극히 당연한 얘기인데 대부분의 사람이 이를 완전히 잊고 입만 열면 "정보 해금은 언제 하나요?"라는 말을 한다.

무엇을 위한 정보 해금일인지를 다시 한번 생각하자. 꼭 생각하자.

『혁명의 팡파르』의 판매 전략

자 그럼.

『혁명의 팡파르~현대의 돈과 광고』에 대한 이야기이다.

광고 전략을 얘기하는 책이 안 팔린다면 그것도 본말전도이므로 이 책을 많은 사람에게 전해야만 한다.

『마법의 컴퍼스』가 10만 부 팔리고 『굴뚝 마을의 푸펠』이 30만 부가 팔린 다음에 나온 책이다.

기세를 탔다는 감도 있지만 한편으로 비즈니스 서적은 두 번째라 신선함은 떨어진다.

이야말로 뉴스를 낼 수는 있어도 뉴스가 될 일은 없다.

『혁명의 팡파르』의 광고에서 사용할 수 있을 재료는 개인적인 이야기이긴 하지만 현재 비즈니스용 강연회 요청이 밀려들고 있다는 점이다.

솔직히 말하자면 요시모토흥업 개그맨으로는 가장 많은 요청을 받을 것 같다.

연예인인 킹콩 니시노는 불륜도 각성제도, 요시모토 개그맨의 가업인 뺑소니도 음주 운전도 심신미약 상태로 운전도 하지 않는데 인기는 바닥을 치고 있다.

그런데 강연회 주최자로서의 인기만은 높다는 소리다.

참고로 연애는 몰래 하고 있다. 비밀로 해 주길 바란다.

자, 이런 점을 감안해 『혁명의 팡파르』를 어떻게 팔까?

당신이라면 어떻게 할 텐가?

오랫동안 바라오던 비즈니스 서적이라면 모를까 전작으로부터 달랑 1년. 게다가 마지막 활동에서 '슬슬 비즈니스 서적이 나올 것 같다는 느낌'도 들었기 때문에 Hi-STANDARD처럼 정보를 숨겨 봤자 아무런 임팩트가 없다.

이런 상황에서는 어떤 판매 방법을 선택해야 할까?

'강연회 기념품'이라는 방법은 고려할 수 있다. 수없이 들어오는 강연회 요청을 죄다 받아들여 강연회 출구에서 파는 방법이다.

시간이 허락하는 한 그건 해 보자. 그 밖에 다른 광고가 있을까?

인기를 가시화해 신용으로 바꾼다

나는 이번에 가장 이용할 수 있는 것은 '강연회 요청이 끊이지 않고 있는' 점이라고 판단했다.

강연회 요청이 쇄도하고 있다는 것을 알리고 '비즈니스맨들의 신용을 얻고 있다'는 신용을 낳는다.

"이토록 강연회 요청이 쏟아지는 남자가 쓴 비즈니스 서적이니까 사 봐야 손해 볼 거 없다"고 사람들이 생각할 것이라는 계산이다.

그런 까닭에 크라우드 펀딩을 활용해 전국의 강연회 주최자를 상대로 『혁명의 팡파르』 발매 기념 강연회'를 예약 판매해 이제까지 나와 매니저밖에 몰랐던 강연회 요청 수를 가시화하기로 했다.

참고로 리워드의 상세한 내용은 '니시노 아키히로의 강연회를 개최할 수 있는 권리+『혁명의 팡파르』100부'로 했다.

강연회 요청이 10건 오면 확실히 1000부가 팔린다.

물론 발매 전에 책이 팔리면 초판 발행 부수가 늘어날 가능성도 생긴다.

내가 가진 카드가 무엇인가?

그 카드를 사용하는 게 좋은가, 카드를 사용하지 않는 게 좋은가?

어떤 순서로 카드를 내놓으면 좋은가?

그것은 시시때때로 변한다.

광고란 항상 '가장 적합한 해답'을 찾는 작업이다.

『혁명의 팡파르~현대의 돈과 광고』를 팔다

그건 그렇고 『혁명의 팡파르~현대의 돈과 광고』라는 것은 이미 판이 커졌다.

이 책을 팔지 못하면 여기에 적은 내용은 모든 신용을 잃는다. 비만인 사람이 쓴 다이어트 책이나 마찬가지다(……읽어 보고 싶긴 하네).

홍보의 일환으로 강연회 요청을 크라우드 펀딩으로 받아 본 결과 강연회 개최 권리의 리워드 30건(1200만 엔 상당)은 30분 만에 매진되어 다음 날에 또 30건(1200만 엔 상당)을 추가했더니 이것도 2시간 만에 매진되었다.

크라우드 펀딩 개시부터 2일 만에 2000만 엔 이상이 모였으니 뉴스가 되었다.

참고로 크라우드 펀딩 리워드로 은근슬쩍 사인 도서 예약도 받아 결과적으로 4600만 엔 가까이가 모여 이것도 뉴스가 되었다.

말할 것도 없이 이 크라우드 펀딩은 "이런 남자가 쓴 비즈니스 서적(현대의 돈과 광고)이랍니다"를 광고하는 게 목적이다.

자금 조달이 목적이 아니라고 해도, 생각해야 하는 일은 여기서 모은 돈을 어떻게 사용할 것인가이다.

엄밀하게 말하자면 '출연 의뢰를 요시모토흥업이 아니라 크라우드 펀딩으로 받았다'는 것뿐이기 때문에 이번 크라우드 펀딩의 후원금은 TV와 라디오, 이벤트의 '출연료'와 전혀 다름없이 그 사용처에 관한 설명 책임은 없다.

바비큐에 사용할 수도 있고 유흥에 사용하든 뭐라고 할 이유는 1밀리도 없다.

다만 나는 독신이고 메밀국수만 먹고 옷은 친구에게 얻어 입기 때문에 제작비는 필요하지만 생활비는 필요 없다. 여기서 모은 돈의 사용처도 모두 공개해 모두 『혁명의 팡파르』 광고비로 돌린다. 이어서는 그 사용처에 대한 이야기이다.

고객은
돈이 없는 게 아니라
돈을 낼 '계기'가
없을 뿐이다

서점에서 책이 팔리지 않는 이유

『혁명의 팡파르~현대의 돈과 광고』를 홍보하기 위한 일환으로 크라우드 펀딩을 진행하며 강연회 요청을 받아 요청 건수(비즈니스맨의 신용도)를 가시화했다.

그렇게 모은 돈은 내 출연료이기 때문에 어디에 사용하든 내 마음이지만 그렇다면 실험에 사용해 실험 결과를 모두와 공유하는 게 훨씬 재밌다.

그런 이유로 크라우드 펀딩을 통해 모은 돈은『혁명의 팡파르』의 광고에 사용하기로 했다.

이런 저런 생각을 하고 있는 가운데 어느 날『굴뚝 마을의 푸펠』에서 말했던 〈굴뚝 마을의 푸펠 빛나는 그림책 전시회〉나 JASRAC(일본음악저작권협회)에 등록하지 않은 주제가 같은 '지속력이 있는 광고'에 관심이 생겼다.

계기는 술집에서 있었던 일이었다.

어떤 프로그램 뒤풀이에서 방송 스태프에게 마에다 유지 씨의 『인생의 승산』의 매력에 대해 열변을 토했는데(정말 재미있으니까 꼭 읽어!) 그 말을 들은 스태프가 그 자리에서 아마존으로 구입했던 것이다.

'이거다!' 싶었다.

책 한 권의 가격은 기껏 1500엔이다.

이 1500엔을 좀처럼 쓰질 않아 세상의 작가들이 상당히 고생하고 있는 것인데, 그렇다고 해서 고객에게 1500엔이란 돈이 없는 건 아니다.

생일 선물을 사는 데 1500엔 정도는 쉽게 내놓는다.

호스티스를 즐겁게 하려고 원가의 몇 배나 되는 샴페인을 주문하는 사람도 있다.

모두 1500엔을 가지고 있지만 서점에는 1500엔을 쓸 '계기'가 없는 것이다.

혼자 조용히 서점에 들어가 조용히 책을 고른다.

거기에는 커뮤니케이션도 없고 구입을 추천하는 친구의 말도 없다. 작가를 즐겁게 하려는 것도 아니다.

뒤풀이에서 얘기를 하다가 구입한 책과, 생일인 사람을 즐겁게 해 주기 위해 구입한 생일 선물과, 호스티스를 기쁘게 하려고 구입한 샴페인에 비해, 서점에 놓여 있는 책은 '책의 힘'만으로 판매해야만 한다.

물론 서점에서도 다양한 방법으로 프로모션을 진행하고 있다. 진심으로 고개를 숙이고 싶은 마음이다. 당연히 프로모션 효과도 있다.

다만 그 프로모션에서 떨어져 나와 있는 것이 커뮤니케이션 디자인과, 한 가지 더, '손님이 갖게 되는 뿌듯함'이다.

'손님이 갖게 되는 뿌듯함'이란?

우리가 선물을 사는 이유는 당연히 '상대가 기뻐해 주지 않을까' 하는 생각에서인데 그럼 왜 기뻐해 주길 바라는가?

기뻐해 주는 것 다음에는 무엇이 있을까?

눈앞의 상대를 기쁘게 했을 때 포인트는 어디에 둬야 할까?

그렇다, 자신이다.

우리는 자신의 포인트를 올리기 위해 눈앞에 있는 사람을 기쁘게 한다.

자신을 위해 선물을 사는 것이다.

호스티스 앞에서 샴페인을 주문하는 사람도 마찬가지다. 자신의 포인트를 올리기 위해 샴페인을 가져오게 해서 호스티스를 기쁘게 하는 것이다.

서점에서 책을 사도 자신의 포인트가 되지 않는다.

"서점 직원 ○○씨의 추천사를 읽고 감명 받아 구입했다"는 의사를 표명함으로써 ○○씨의 월급이 올라간다면 이야기는 달라지겠지만.

다시 한번 말하겠다.

서점에서 책을 사도 자신의 포인트가 되지 않는 것이다.

그것은 인터넷으로 책을 사는 행위와 하나도 다를 게 없다.

책은 서점에서 파는 것보다 동네 술집에서 파는 게 더 잘 팔 수 있다

진심으로 책을 팔려면 '책을 사는 계기'를 디자인할 필요가 있다.

그것은 '커뮤니케이션'이다.

구입하게 하는 한마디가 있었거나, 구입해 줌으로써 자신에게 포인트가 들어오는 환경이거나. 그런 커뮤니케이션이 '책을 사는 계기'가 된다.

느닷없는 얘기일지 모르지만 나는 '책을 가장 잘 팔 수 있는 곳은 동네 술집'라고 생각한다.

동네 술집이란 곳이 애당초 '커뮤니케이션'을 파는 공간이기 때문이다.

『혁명의 팡파르』의 광고비로 고탄다에 「캔디」라는 동네 술집을 만들고 그곳에서 계속 『혁명의 팡파르』를 판다.

내일, 한번 보러 가겠습니다.

인터넷은 '상하 관계'를 파괴하고 '수평 관계'를 만든다

요시모토흥업은 대리점

『혁명의 팡파르~현대의 돈과 광고』의 판매 전략에 대해 얘기하고 있는 중이지만, 이건 분명히 해 두고 싶다.

이번 크라우드 펀딩처럼 손님으로부터 직접 요청과 돈을 받는 경우 나와 소속사는 어떻게 대응하는가에 대해.

우선 명확하게 해 두고 싶은 것은 나는 요시모토흥업에 소속된 개그맨이 아니라는 점이다.

나뿐만 아니라 모든 '요시모토 개그맨'은 요시모토와 어떤 계약도 맺지 않고 있다.

때때로 개그맨이 불상사를 일으켰을 때「요시모토 해고!」같은 뉴스가 나오지만 해고고 뭐고 원래 소속되어 있지 않다.

요시모토흥업이 멋대로 "앞으로 이 사람과는 일하지 않겠다"고 선언하는 것일 뿐 엄격히 말해 '해고'는 아니다.

편의상 요시모토 개그맨이 소속되어 있는(소속되어 있는 것으로 되어 있는) 것은 요시모토홍업의 자회사인 요시모토 크리에이티브 에이전시로 굳이 말하자면 개그맨 전문 '대리점'이다. 광고사인 덴쓰와 하쿠호도나 마찬가지다.

"요시모토가 가지고 온 일에 대해서는 그 매상을 반씩 나누자"는 관계라서, 모든 '요시모토 개그맨'에게 요시모토 크리에이티브 에이전시는 단순한 '거래처'에 지나지 않는다.

그런 관계로 크라우드 펀딩으로 직접 강연 요청을 받거나 돈을 모금하면 요시모토홍업이 나설 여지는 하나도 없지만 그래도 나는 요청 창구가 어디든 '출연료'에 관해서는 TV나 라디오, 이벤트와 마찬가지로 요시모토홍업에 일부를 납부하기로 결정했다.

크라우드 펀딩으로 모은 돈의 일부도 요시모토홍업으로 들어간다.

이것은 요시모토홍업이 요청한 일도 아니고 물론 계약 어쩌고저쩌고 할 얘기도 아니며 그저 내 '마음'이다.

친한 사원도 있고 내 고집을 그대로 받아 주는 사장이 있으니까.

그 대신 요시모토홍업 직원은 예약 책의 배송 준비와 강연회 스케줄 조정과 진행 등을 도와준다.

물론 배송이나 스케줄 조정 일은 자기 일이 아니라며 요시모토 측이 거부하면 다른 업체에 맡기면 되는 일이라 그와 관련해서는 따로 한 푼도 지불하지 않는다.

이번에는 일을 맡아 주었으니, 소속 연예인인 내가 소속사에 개런티를 지급한다.

수평 관계의 시대로

신용이 일상적으로 '돈'이 될 수 있는 시대이기 때문에 '신용을 가진 사람'에게는 모든 선택지가 주어진다.

손님과 직접 이어지는 시대가 되어 그야말로 연예계 특유의 상하 관계에서 비롯되는 권위적인 교섭은 이제 통하지 않는다.

"너, 일에서 빼겠어"라고 위협해도 이런 대답만 돌아온다. "아이고, 그러세요."

고객과 직접 대화해 그 매상을 전액 내가 받으면 소속사 매상만 떨어질 뿐이다.

소속사와 연예계는 연예인으로부터 TV와 라디오의 출연 기회를 빼앗을 수는 있어도 개인에게 인터넷을 빼앗을 수는 없다.

구태의연한 사무소는 상하 관계가 파괴될까 두려워 연예인 개인의 크라우드 펀딩 이용을 금지하는 방향으로 가겠지만 그렇게 하는 순간 끝이다.

다음 세대의 재능은 그런 답답한 곳에 모이지 않는다.

조직이 개인을 지배하는 것은 이제 불가능하다.

온라인 살롱와 크라우드 펀딩에 근거를 두고, 한발 더 나아가 아예 개인을 주식회사로 만들어 개인의 '주식'을 발행하고 자금을 조달하는 『VALU』라는 서비스까지 나왔다.
나보다 젊은 세대는 나보다 더 '신용이 돈이 된다는' 것을 경험하고 있다.
앞으로는 '신용을 얻고 필요할 때 필요한 만큼 자신의 신용을 돈으로 바꾸는' 생활 방식이 당연해지고 있다.
연예인 개인의 신용을 돈으로 바꾸고 '사원을 움직이게 하는' 조건을 달아 연예인 사무소에 돈을 주는 이번 『혁명의 팡파르』의 크라우드 펀딩은 시대의 전환기 같다는 생각이 든다.

《후회할 가능성》을 철저히 없애라

《후회할 가능성》을 없앤다

사람이 움직이지 않는 이유와 사람을 움직이게 하는 방법에 대해.

소극장이나 관람객이 있는 TV녹화, 이벤트에는 '바람잡이'라는 역할이 있다.

공연을 시작하기 전에 막 앞으로 나와 관객에게 주의사항을 전하기도 하고 '발성 연습' 등을 시키는 사람이다.

설명할 것도 없이 '발성 연습'을 시키는 이유는 관객의 리액션이 크면 클수록 이벤트의 분위기가 달아오르기 때문이다.

때문에 가능한 최고의 반응을 얻기 위해 공연 시작 전에 '리액션 스트레칭' 같은 걸 하는데 애당초 무엇 때문에 관객은 '발성 연습'을 하지 않으면 큰 소리를 내지 못하는 걸까?

거기에는 '나 혼자만 큰 소리를 내고 웃으면 너무 눈에 띌지 모른다는' 《후회할 가능성》이 있기 때문이다.

앞에 말한 '발성 연습'은 "괜찮아요! 봐요, 여기 있는 모든 사람이 이 정도로 크게 반응하잖아요!"라는 뜻을 전하는 장으로, 거기서 '너무 눈에 띌지 모른다는' 《후회할 가능성》을 제거하는 것이다.

여담이지만 '미리 이야기를 풀면 분위기를 올릴 수 있다는 것은 잘 알지만 이렇게 이야기를 풀면 김이 새 이벤트의 세계관이 무너진다. 하지만 분위기는 올리고 싶다'고 고민하던 사람이 택하는 기술이 바로 리액션 스트레칭이다.

준비하는 것은 개장할 때 (관객이 입장할 때) 흐르는 음악 볼륨을 조정하는 정도로 충분하다.

볼륨 강약 조절이 '1~10'까지 있으면 18시 입장, 19시 공연 시작일 경우 18시 시점에서는 볼륨을 5정도로 해 둔다.

그리고 10분 후에 6, 20분 후에 7……로 관객들이 알아차리지 못할 정도로 볼륨을 올리면 관객들은 자기도 모르게 대화 소리를 크게 하고 공연 시작 전에는 바로 옆 자리 사람과 크게 떠들게 된다.

"이 장소에서는 이 정도의 볼륨으로 소리를 내도 괜찮다"고 관객들의 뇌에 각인해 두면 스트레칭 완료.

'나 혼자만 눈에 띄면……'이라는 《후회할 가능성》은 완전히 제거된다. 이것은 꼭 해 보길 추천한다.

엽서를 몇 종류로 하면 가장 잘 팔릴까?

1년에 두 번. 일을 쉬고 〈디자인페스타〉라는 이벤트에 참가하고 있다.

부스를 구입해 그곳에서 내 작품을 판매한다. 부스 설치도 철수도 접객도 모두 혼자 한다.

잔돈이 없으면 근처 편의점으로 달려가기도 한다.

목적은 판매를 배우기 위해서이다.

"어떻게 상품을 진열하면 잘 팔리나?"

"매상을 늘리기 위해서는 상품을 어떤 패턴으로 준비하면 가장 좋을까?"

이리저리 부스 세팅을 바꾸며 그런 실험을 계속한다.

참고로 『굴뚝 마을의 푸펠』의 엽서로 실험해 본 결과 상품 판매대에 진열하는 개수에 따라 매상은 크게 변한다. 1개일 때와 3개일 때, 10개일 때 중에서 3개일 때가 가장 잘 팔린다.

가까이서 보고 있으면 고객의 심리를 손에 잡힐 듯 알 수 있다.

1개일 때는 고객 입장에서는 갑자기 살지 말지를 강요받는 기분이 된다. '다른 것과 비교하지도 않고 사도 괜찮을까?'라는 《후회할 가능성》이 생기기 때문에 바로 판매대에서 멀어진다.

3개일 때는 '어느 것이 가장 내 맘에 들지?'를 선택하는 가운데 상당히 높은 확률로 '사자'고 결정한다.

3개 중에서 '스스로' 선택했기 때문에 《후회할 가능성》이 적다.

10개일 때는 마찬가지로 '어떤 게 가장 내 취향에 맞을까?'를 고민한 끝에 고르지만 선택지가 너무 많기 때문에 '여기서 하나를 골라 사는 것도 좋지만 집에 가다가 역시 다른 게 더 좋았다는 생각이 들면 어쩌지?'라는 《후회할 가능성》이 생겨 결국 판매대에서 멀어지고 만다.

아무래도 고객을 움직이게 하는 (물건을 사게 하는) 데는 《후회할 가능성》을 없애는 것이 가장 중요하다.

주변에 떨어져 있는 쓰레기가 100엔에 팔리지 않는 이유는 쓰레기를 100엔에 사면 틀림없이 후회할 것이기 때문이다.

그 후회만 없앤다면 쓰레기라도 팔 수 있다.

재미있을 것 같아서 주변에 떨어져 있던 종이박스 조각(쓰레기)으로 실험해 보기로 했다.

'어떻게 하면 이 쓰레기를 팔 수 있을까?'라고 생각하고 「쓰레기=¥100만」이라는 가격을 붙이고 「¥100만」이라는 부분에 빨간 펜으로 사선을 긋고 「특가! 오늘만 100엔!!」이라고 했더니 바로 팔렸다.

100엔의 쓰레기를 손에 넣은 남성은 "100만 엔짜리를 100엔에 샀다!!"라고 바보 같은 소리를 질러 댔고 "정신 차려!" "속았잖아!" 하며 주위 친구들이 구박을 해도 무척 신나했다.

그 남성은 '얘깃거리'를 산 것이다.

100엔으로 대화의 중심에 서는 커뮤니케이션을 산 것이다.

이런 식으로 '얘깃거리'라는 가격을 붙이면《후회할 가능성》을 제거할 수 있어서 쓰레기도 팔 수 있게 된다.

어떻게《후회할 가능성》을 제거하느냐가 열쇠이다.

그렇게 생각하면 무료 공개가 구매로 이어지는 이유가 보일 것이다.

늙어 가는 것은
'쇠약'해지는 게 아니라
'성장'이다

100세 시대를 우리가 살아가기 위해

경로의 날에 100세를 축하해 총리가 선물로 주는 순은으로 만든 '은잔'이 2016년부터 은도금으로 바뀌었다. 경비 절감이다.

"장수를 축하하자!"며 의기양양하게 은잔 증정을 시작했을 때(1963년)에는 상상할 수 없었던 일이겠지만 이제는 100세를 넘는 사람이 드물지 않은 시대가 되었다.

100세를 넘긴 할아버지, 할머님은 1963년 단계에서는 153명이었는데 2016년에는 6만 1568명이다. 지금도 쭉쭉 늘어나고 있다.

일설에 따르면 2050년에는 100세 이상의 인구는 100만 명을 돌파하고 평균 수명은 남성이 84세, 여성이 90세가 된다고 한다.

돌을 던지면 노인이 맞을 테니 돌을 던질 때는 각오해야 할 거다.

의료제도를 충실히 갖추고 전 국민 보험 제도를 정비하는 등 온갖 방법으로 우리들은 이렇게 훌륭하게 수명을 늘려 왔건만 항간에는 '안티에이징'이라는 말이 유행하며 나이 먹는 일을 부정적으로 보는 경향이 있다.

영문을 모르겠다.

나이 먹는 일을 부정적으로 바라보면 수명을 늘리는 일은 요컨대 '괴로운 시간을 늘리는' 게 아닐까.

왜 노력을 기울여 괴로운 시간을 늘릴 필요가 있을까.

왜 '안티에이징'이라는 말이 횡행하는가.

왜 사람은 젊음을 갈구하는가.

이유는 하나. 노인의 어드밴티지(우위성)를 제시할 수 없기 때문이다.

체력은 떨어지고 허리는 굽는다. 피부 탄력은 없어지고 머리카락도 줄어든다. 어디를 둘러봐도 잃는 것뿐이다. 그래서 거기에 저항하려고 한다.

그런데 개인적으로 걱정스러운 것은 연애 욕구가 떨어지면 좋겠는데 이상하게도 연애 욕구만큼은 떨어질 기척이 없다. 100세가 된 나와 연애해 줄 여자(천사)가 나타날 것 같지 않아 국민적으로 공인된 늑대인 나는 지금 골머리를 앓고 있다.

다만 어떤 상황이든 내 수명은 늘고 있다.

저항해 봤자 소용없다. 노인 나름의 어드밴티지를 찾아내 '빨리 노인이 되고 싶어!'라는 의식을 가져야만 한다.

100세 시대에 우리가 행복하게 살기 위해서 해야 하는 일은 '안티에이징'을 장려할 게 아니라 나이를 먹은 것을 '쇠약'이 아니라 '성장'으로 삼는 대답을 찾는 것이다.

이는 아주 중요한 과제다. 왜인가?

회사에 다닌다면 60세에 정년을 맞고, 그 후로도 우리들은 30, 40년을 더 산다. 일을 시작하고 정년퇴직할 때까지의 시간과 거의 같은 시간이 정년퇴직 후에도 남는다.

분재 가꾸기나 게이트볼 정도로 메울 수 있는 시간이 정녕 아니다. 40년어치의 연금을 기대할 수도 없는 노릇이다.

틀림없이 우리들은 60세부터 새로운 일을 찾아야만 한다.

정말 거칠게 말하자면 '20세부터 60세까지의 일'과 '60세부터 100세까지의 일'.

우리들은 이 인생에 있어서 전반기와 후반기에 두 가지의 일을 해야만 한다.

그런 때가 온 것이다.

젊은 사람에게는 없는 '노인의 어드밴티지'를 제대로 제시하지 않으면 인생의 후반전에 일은 얻을 수 없다.

젊은 사람에게는 없는, 로봇에게도 없는, 노인만이 가지고 있는 능력(노인력)을 발견해 그것을 일로 만들어야만 한다.

우리들 아버지와 어머니 세대는 그래도 그냥 넘어갈 수 있겠지만 우리 세대는 이 문제에서 도망칠 수 없다. 확실히 찾아올 미래다.

『노인력』 = 『용서받는 힘』을 찾아라

자, 그럼 시작하자. 노인만이 가지고 있는 능력(노인력)이란 도대체 무엇일까?

체력이 떨어지고 기억력이 떨어지는 가운데 나이를 먹으면서 쇠약해지는 게 아니라 성장하는 부분은 도대체 무엇일까?

그런 생각을 하고 있을 때 재미있는 가게를 만났다.

거긴 오키나와에 있는 이자카야였다. 여든에 가까운 할아버지가 혼자 가게를 운영하고 있다.

카운터에서 마시는 나를 상대하면서 같이 마시며 웃고 울어 준다……고 하면 어디에나 있을 법한 가게이지만 이 가게의 굉장한 점은 이제부터다.

이게 웬일! 주인이 누구보다 먼저 취해 쓰러지는 것이다.

눈앞에서 80세의 할아버지가 쿨쿨 잔다. 어쩔 수 없이 좌석 자리로 옮기고 방석 두 개를 접어 베개를 만들어 눕히기로 했다.

그리고 혼자 마시고 있었더니 손님이 왔다. 이 손님을 편의상 '손님A'라고 하자.

'주인이 잠들어서'라며 손님을 돌아가게 하면 이 가게는 망한다.

어쩔 수 없이 손님A를 앉히고 근처에 있던 '기본 안주'를 내놓는다. 드링크 주문을 받고 맥주를 달라고 하는데 맥주 서버가 텅텅 비어 있다.

어쩔 수 없이 근처 편의점까지 달려가 캔 맥주를 사와 "이걸로 괜찮겠습니까?"라고 내놓았다.

손님으로 와서 결국 일까지 하게 된 나를 보면서 "어허, 큰일이네"라고 손님A는 말하지만 손님A가 손님으로 있었던 시간도 잠깐이었다.

곧 새로운 손님(손님B)이 왔고 이번에는 손님A가 손님B를 접객한다.

"이 망할 주인!"이라고 투덜대면서도 손님A가 손님B를 접대하고, 손님B가 손님C를 접대한다. 주인인 '할아버지'와는 전혀 상관없이 페이 포워드(은혜 갚기)가 자연 발생한 것이다.

만약 이 주인이 20대나 30대였다면 불가능한 일이다. "정신 차려요!"라며 두들겨 깨우고 말이다.

완벽함이 요구되는 로봇이라면 더욱 더 "고장이냐?"라며 탕탕 때리고 말겠지.

여기서 인간이 나이를 먹음으로써 얻을 수 있는 능력을 발견했다.

『사랑받는 결함』이다. 『용서받는 힘』이라고 불러도 좋을지 모른다.

이것은 인간만이 가질 수 있는 능력이고 연령에 비례해 점점 성장한다. 20대보다 80대 쪽이 『사랑받는 결함(용서받는 힘)』의 능력치가 높다.

이 『사랑받는 결함(용서받는 힘)』을 일로 만들 수 있으면 나이 먹는 일을 긍정적으로 바라볼 수 있고 그 일은 로봇이 대체할 수도 없다.

'노인네는 참 좋겠네' 이런 생각이 들게 된다.

오키나와에서 발견한 '잠자는 이자카야'는 주인의 『사랑받는 결함(용서받는 힘)』으로 돌아가고 있었다.

우리들은 그런 일을 만들어야만 한다.

그런 연유로 서둘러 우리들이 연말에 개최하는 음악 페스티벌 〈천재만국박람회〉의 접수와 손님을 안내하는 스태프를 할머님에게 부탁하기로 결정했다.

「스태프는 할머님입니다」 이런 간판만 내놓으면 스태프가 좀 일처리에 시간이 걸리더라도 아무도 화내지 않을 것이고 오히려 "도와드릴게요" 하며 손님들이 나설 거라고 나는 예상하고 있다. 이런 시도를 앞으로 더 많이 해야겠다.

다음 시대를
얻는 자는
'신용을 가진 사람'이다.

디즈니 영화의 약점

얼마 전 영화 〈굴뚝 마을의 푸펠〉의 각본을 완성했다.

굴뚝 마을은 온통 굴뚝들이라 여기저기서 연기가 올라와 머리 위는 아침부터 밤까지 검은 연기로 가득하다.

게다가 삼면은 높은 절벽이 둘러싸고 있고 바다는 있지만 바다에 나가는 것은 금지되어 있다.

그런 탓에 굴뚝 마을에 사는 사람들은 바깥 세계를 모르고 파란 하늘이나 빛나는 별도 모른다.

왜 이런 마을이 생겼나?

또 그림책에서는 '바다에 나가는 것은 금지되어 있다'는 한 문장으로 끝냈지만 왜 굴뚝 마을의 권력자는 바다에 나가는 것을 금지했을까?

그림책에서는 그리지 않은, 이런 이야기를 영화에서는

전부 그린다.

그림책은 프롤로그에 지나지 않는다.

나는 항상 "월트 디즈니를 무너뜨리겠다"고 밝히고 있는데 영화 〈굴뚝 마을의 푸펠〉로 디즈니에 승부를 건다.

가능한 영화 〈굴뚝 마을의 푸펠〉의 개봉일을 디즈니의 신작 애니메이션 개봉에 맞추고 싶다. 그래서 관객동원과 흥행수입에서 승리하고 싶다.

그렇게 생각하고 과거 디즈니 영화의 관객동원 일람을 봤더니 그 큰 스케일에 소름이 돋았다.

〈겨울왕국〉과 〈빅 히어로〉, 정말 말도 안 되게 히트 쳤네. 상상 이상이네.

2~3년 후에 이런 것과 싸워야만 하는 것이다. 큰일 났다. 정말 큰일 났다.

다만 계속 일람표를 봤더니 디즈니 영화의 약점도 발견했다.

"정글 쪽은 좀 약하네."

2~3년 후에 디즈니가 정글을 다룬 작품 개봉을 발표하면 '슬슬 니시노가 나오겠군'이라고 생각해 주길 바란다.

돈의 노예 해방 운동

자, 그럼. 영화 〈굴뚝 마을의 푸펠〉은 어떤 혁명가에 의한 '돈의 노예 해방 선언'에서 이야기가 시작된다. 그것은 이런 이야기이다.

「……우리 선조는 '돈'을 발명했다. 이 발명으로 바다와 산의 보물…… 그 밖의 모든 보물을 교환할 수 있게 되어 우리 인류는 자유를 손에 넣었다.

그러나 언제부터였을까.

교환의 수단에 지나지 않았던 '돈'에 우리 인류는 주도권을 빼앗겨 '돈'이 없으면 살 수 없게 되었고 드디어 서로 빼앗기 시작했다.

우리 인류는 언젠가부터 '돈'의 노예가 되고 만 것인가?

오늘날도 '돈'에 생활이 지배되고 마음이 지배되어 인간의 길에서 벗어나는 자가 끊이질 않고 있다.

무엇 때문에 '돈'이 힘을 가지게 된 것일까?

원인은…… 고기와 생선, 구두와 가방에 이르기까지 있는 모든 것이 시간의 경과와 함께 썩어 그 가치가 떨어짐에도 불구하고 '돈'만이 아무리 시간이 흐르더라도 그 가치가 떨어지지 않기 때문이다.」

"돈이 썩지 않기 때문에 힘을 가지게 되었다"는 주장이다. 이후 남자는 시간이 흐르면 흐를수록 가치가 떨어지는 '썩는 돈'을 만든다. 썩는 것을 쌓아 둬도 쓸모가 없기 때문에 마을 사람들은 적극적으로 돈을 썼고 돈이 돌면서 이 마을은 급격히 경제가 발전한다.

"'썩는 돈'으로 경제 발전? 그런 말도 안 되는 이야기가 어디 있나!" 이런 비판을 하고 싶을 텐데 이것은 1990년대 초 독일과 오스트리아 일부에서 실제로 있었던 이야기이다.

굴뚝 마을이 갇힌 이유는 이 '썩는 돈'에 기인하는데 다음 내용은 영화에서 즐기시길 바라고, 본론은 그게 아니다.

여기서 여러분에게 묻고 싶은 게 있다.

가지와 피망에 비해 돈은 권력을 가졌기 때문에 돈을 가진 사람이 힘을 가지게 되었다고 했는데, 과연 현대도 그럴까?

인터넷으로 온 세계가 이어지고 크라우드 펀딩이나 온라인 살롱이라는 '신용을 돈으로 바꾸기 위한 장치'가 완성된 현대에도 역시 돈이 가장 힘을 가질까?

돈을 가진 사람이 가장 힘을 지닐까?

그 질문에 대한 내 대답은 'NO'이다.

이유는 돈은 신용으로 교체할 수 없지만 신용은 돈으로 교체할 수 있으니까.

'신용을 가진 사람'은 현대의 연금술사이다.

앞으로는 신용이 힘을 가지고 '신용을 가진 사람'이 시대를 얻는다.

'호감도 랭킹'이라는 게 있지만 앞으로의 시대는 그런 것에는 어떤 가치도 없다.

앞으로는 '신용도 랭킹'의 시대이다.

곧 물질이나 서비스가 아니라 개인의 신용 그 자체가 매물이 되는 직업이 세상에 나올 것이다.

당연한 흐름이다.

재미있을 것 같으니 개인의 신용을 매물로 하는 직업의 제1탄은 내가 만드려고 한다.

이어서 신용을 파는 고서점 '표시 서점'에 대한 이야기이다.

책이 아니라
주인의 신용을 파는
헌책방
『표시 서점』

신용을 파는 서점

'출판 불황'이라며 머리를 감싸는 출판 업계 사람들을 볼 때마다 '오히려 지금까지 그런 한심한 판매 방식으로 책을 잘도 팔았다'고 생각하는 경우가 적지 않다.

서점은 오늘도 망하고 있다.

정말 시대 탓일까?

아니면 시대에 맞게 제대로 튜닝하지 못한 것일까?

그 진상을 알고 싶어서 내가 직접 서점을 해 보기로 했다.

마침 '신용이 상품이 되는 직업을 만들어 보자'고 생각하던 참이라 우선 '신용×서점'으로 구상을 해 본다.

로봇이 물구나무를 서더라도 흉내 낼 수 없는, 주인의 신용이 부가가치가 되는 서점이다.

이런저런 생각 끝에 '헌책'에 도달했다.

책은 한 번 읽으면 가치가 떨어진다. 북오프*에 팔고 있는 바로 그것이다.

하지만 말이다.

'이름도 없는 남자가 읽은 책'과 '손정의 씨가 읽은 책'에 같은 가격이 붙고, 똑같이 가치가 떨어진다는 상식은 정말 옳을까?

정말 '손이 탄 책'에는 가치가 없나?

손정의 씨가 읽고 그가 마음에 든 페이지를 접거나 줄을 치고 여백에 메모를 적은, 그런, 손정의 씨가 '표시'를 남긴, 북오프에서 취급하지 않을 것 같은 '손이 탄 책'은 오히려 정가보다 가치가 오르지 않을까?

손정의 씨가 '어디를 봤고 무엇을 재미있어 했는가?'라는 '손정의 씨의 시점'이 부가가치가 되기 때문이다.

아무래도 재미있을 것 같아서 재빨리 『표시 서점』이라는 온라인 스토어를 열고 내가 읽고 내가 '표시'를 남긴 1500엔짜리 책을 5000엔에 팔아 봤는데 2초 만에 팔렸다.

"그야, 너는 팬이 있으니까 그렇지!" 이런 비난이 바로 날아올 것 같은데 실은 팬의 유무는 '그다지' 관계가 없다고 생각했다.

왜냐면 여기서 파는 책은 한 권이기 때문에.

---

*일본 최대 중고 서점

예를 들면.

이름도 없는 남자가 읽고 이름도 없는 남자가 '표시'를 남긴 책은 확실히 세상의 뉴스가 되지 않지만 그 남자에게 마음이 있는 여자 입장에서는 정말 애가 닳도록 가지고 싶은 한 권이 될 것이고 이 남자를 동경하는 후배라면 아무래도 소장하고 싶은 책이다.

그렇게 생각하면 『표시 서점』의 주인은 굳이 유명인일 필요는 없다.

이름도 없는 남자라도 『표시 서점』의 주인이 될 수 있다.

그래서 주인이 읽고 주인이 '표시'를 남긴 헌책만 취급하는 헌책방 『표시 서점』을 아이부터 노인까지 누구라도 출점할 수 있는 플랫폼을 만들기로 했다.

신용을 파는 헌책방의 플랫폼을 만들다

서점을 열려고 생각했는데 헌책방 플랫폼을 만들게 되어 버렸다.

『표시 서점』에서 파는 것은 주인의 시점이자 주인의 신용이다.

독신인 내가 읽고 '표시'를 남긴 육아책보다 아이를 8명 키워 낸 무명의 어머니가 읽고 '표시'를 남긴 육아 책이 고가에 팔릴 것이다.

육아에 관해서는 대가족의 어머니가 나보다 신용도가 높이 때문이다.

신용도가 높은 주인은 1000엔짜리 책을 2000엔에 팔 수 있다.

이것이 무엇을 의미하냐면 '신용도가 높은 점주는 앞으로 영원히 책에 돈을 쓸 일이 없어진다는' 말이다.

이제까지와 마찬가지로 책을 사긴 하지만 산 것보다 더 많은 돈이 나중에 들어오기 때문이다.

공부를 잘하는 사람은 좋은 회사에 들어가고
스포츠를 잘하는 사람에게는 스포츠선수라는 직업이 있고
잘 웃기는 사람에게는 개그맨이라는 직업이 있다.
글을 잘 쓰는 사람은 문필가
음악을 잘하는 사람에게는 음악가
서예를 잘하는 사람에게는 서예가라는 직업이 각각 있다.

그러나 독서를 잘하는 사람에게는 직업이 마련되어 있지 않다. 독서도 훌륭한 특기인데 이제까지는 내내 '취미'의 영역 안에 갇혀 있었다.

독서가에게는 "그 녀석이 추천하는 책은 늘 정말 재미있다니까!", "그 녀석이 책을 즐기는 방식 자체가 흥미로워!"라는 신용이 있다.

모든 신용은 돈이 될 수 있다.

그러니 다음은 바꿀 수 있는 기기를 준비하기만 하면 된다.

『표시 서점』은 책에 특화한 신용을 돈으로 바꾸는 기기이다. 여기서 '독서가'라는 직업이 생기면 재밌겠다.

그리하여 『표시 서점』의 개발을 시작했는데 개발 중에 살짝 생각이 바뀌었다.

이어서는 그 이야기이다.

인터넷에 체온을 담다

자, 주인이 읽고 주인이 '표시'를 남긴 헌책만을 취급하는 헌책방.

그런 헌책방을 누구나 낼 수 있는 플랫폼 『표시 서점』의 개발이다.

플랫폼을 만들어도 이용자가 없으면 의미가 없기 때문에 당연히 어느 순간부터는 플랫폼을 홍보해야만 하는데 "플랫폼을 만들었습니다! 꼭 이용해 주세요!" 같은 빼다 박은 광고에 효과를 기대할 순 없다.

어차피 광고를 할 거라면 홍보 효과가 있는 광고가 좋다.

이런저런 생각 끝에 '무엇보다 플랫폼이란 건 어떻게 만들지?'라고 생각하는 사람이 있으리라는 생각에 플랫폼 개발의 첫걸음부터 정보를 오픈하기로 했다.

즉, 플랫폼의 메이킹으로 광고하기로 결정했다.

한 친구는 "누가 아이디어를 훔쳐 비슷한 플랫폼을 먼저 만들면 어떻게 하나?"는 충고를 했지만 애당초 나는 『표시 서점』의 매상으로 먹고 살 생각이 없고 '이런 서비스가 있으면 재미있을 것 같다'는 바람을 이루기 위한 것이기 때문에 『표시 서점』 같은 서비스를 누가 대신 만들어 준다면 "제발 그러세요"라고 할 판이다.

그런 이유로 "헌책방 플랫폼을 만듭니다!"라고 발표하고 서비스 방식을 모두 공개하고 개발 비용을 크라우드 펀딩으로 모았다.

이번에 한해서는 '대가는 없음. 단순 후원'이라는 리워드가 핵심인 거의 '기부형' 크라우드 펀딩으로 했다.

'재미있을 것 같으니까 후원해 보자'는 사람이 얼마나 될까.

『표시 서점』이라는 기획 자체의 반응을 알고 싶었기 때문에.

결과적으로 개시 5시간 만에 목표 금액 달성. 최종적으로는 1602명에게서 961만 136엔을 모았다.

자신이 팔로우하는 가게가 '표시가 있는 책'을 출품하면 오른쪽 그림(→)처럼 주인의 코멘트가 타임라인에 등장한다. 예를 들어 '니시노 아키히로 서점'의 코멘트를 클릭하면 그 가게로 이동한다.

온라인 살롱 회원에게 의견을 들으면서 『표시 서점』의 개발을 추진했다.

『표시 서점』의 기본 화면은 트위터 타임라인 같은 느낌으로 자신이 팔로우하는 가게가 '표시가 있는 책'을 내놓으면 주인의 출품 코멘트가 등장하는 방식이다.

그 코멘트를 클릭하면 그 가게로 이동하는 흐름이다.

출품된 '표시가 있는 책'의 추천 코너를 읽고 '가지고 싶다!'는 생각이 들면 손을 들기만 하면 된다. 그렇다고 꼭 살 수 있다는 말은 아니다.

마찬가지로 손을 든 사람들 중에서 '누구에게 팔지?'를 주인이 결정한다.

'표시가 있는 책'은 세상에 하나밖에 없기 때문에 '가장 읽고 싶어 하는 사람에게 팔고 싶다'고 생각하는 게 일반적인 심리일 것이다.

여기부터 시작된다.

'헌책 판매도 좋지만 책을 계기로 만남이 생기고 대화가 생기면 좋겠다'고 생각했다.

서점에서 원하는 책에 손을 뻗었을 때 우연히 손과 손이 닿고…… 같은 만남을 인터넷상에서 만들면 재미겠다고 생각했다.

생각난 김에 개발 스태프를 모아 "헌책 판매 사이트가 아니라 헌책 커뮤니케이션 서비스를 만들자!"고 내 장기인

'밥상 엎기'를 발동했다. 개발 스태프 입장에서는 "처음부터 말하라고!" 하고 호통치고 싶은 심정이었겠지만 첫 단계에서 생각하지 못했으니 어쩔 도리가 없다.

사람의 신용을 상품으로 만드는 소중한 서비스다. 책 판매만으로 끝나는 게 아니라 거기에 대화가 있으면 더 좋다.

그렇게 생각하고 각 상품 페이지에 대화방을 붙였다.

그 상품(표시가 있는 책)에 관심이 있는 '같은 취향을 가진 사람들'이 대화하는 장소이다.

이미 공통 화제가 있기 때문에 당연히 무에서 대화를 시작하는 것보다 화제가 많다.

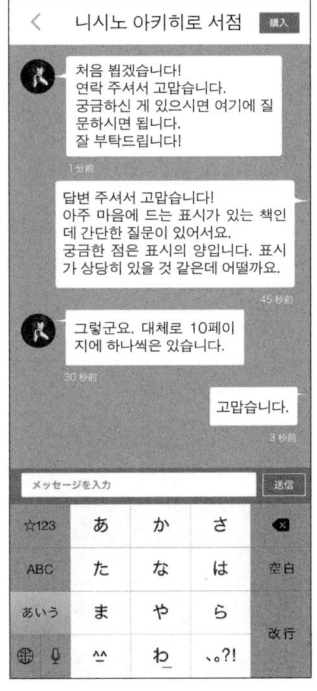

주인은 손을 든 사람 각자와 대화를 나누고 팔 사람을 결정한다.

그리고 거기서 사람과 사람이 이어지면 좋겠다. 인터넷에 체온을 담는 것이다.

신용을 상품으로 하는 직업을 만들자고 생각해 시작했는데 구르고 또 굴러서 책을 중심으로 한 SNS의 개발에 착지했다.

이상 『표시 서점』의 완벽한 스텔스 마케팅이었다.

팔리지 않는 작품은
존재하지 않는다
당신의 작품이
팔리지 않는 것은
당신이 '팔지 않고'
있기 때문이다

질 수 없는 물밑 준비를 한다

다시 판매 전략에 대한 이야기다.

『혁명의 팡파르』의 크라우드 펀딩에서는 강연회 요청 건수와 들어오는 속도를 가시화하고, 비즈니스에 대한 내 신용을 '과시'해 그것을 광고 소재로 삼았다.

"그 사람이 현역 비즈니스맨들에게 얼마나 많은 신용을 받고 있는가?"는 비즈니스 서적을 팔 때 지표의 하나라고 생각했기 때문이다.

그리고 그것을 전면에 내세워 크라우드 펀딩의 리워드로 사인본도 내놓았다.

실은 핵심은 이거다.

『굴뚝 마을의 푸펠』 때도 그랬지만 크라우드 펀딩을 '완전 주문 생산형 판매 사이트'로 사용했다.

강연회 리워드에도 '강연회+책 100부'라는 형태로 책이 들어 있기 때문에 그 시점에서는 아직 다 완성되지도 않았던 『혁명의 팡파르』가 일반에 판매되기도 전에 크라우드 펀딩 페이지에서만 1만 부나 팔렸다.

과거 출판된 책의 매상으로 예측을 하고 부수를 결정한 다음 서점 책장에 진열하고 '자, 팔릴까? 팔리지 않을까?'를 고민하는 엄청난 도박은 이제 때려치웠다.

그게 아니라 지지 않는 (질 수 없는) 토대를 만들고 타이밍을 계산해 승부에 나선다.

이 일만이 아니라 기본적으로 '일단 생각부터 하고 보는' 행위는 모두 어리석다.

거기에는 '생각하면 답이 나온다는' 전제가 있다. 자신의 능력을 너무 과대평가하고 있다.

책의 매상 부수 같은 것은 과거 실적으로 예측해 봤자 정확한 결과가 나올 리 없다.

답은 늘 '행동'이 가르쳐 준다.

수요를 사전에 알 수 있는 시대에
수요를 사전에 알려는 노력을 게을리하고
계속 도박을 하고 있는 출판 업계

5000명이 필요로 하는 책을 5000부 찍어 5000명의 사람에게 전해 주고, 10만 명이 필요로 하는 책을 10만 부 찍어 10만 명의 사람에게 전해 주면 되는 일이다.

5000명이 필요로 하는 책을 '과거 실적'이라는 너무나도 부정확한 판단 재료를 바탕으로 10만 부를 찍으니까 적자가 발생한다.

출판 불황의 시작이다.

수요를 조작하는 것은 어렵지만 수요를 사전에 알고 필요한 만큼만 만들 수 있다.

현대에는 크라우드 펀딩 같은 마케팅이 가능해졌기 때문에 그것을 이용하지 않을 이유가 없다.

예측을 세우는 데도 '과거 실적'보다 '현재의 수주 수'가 판단 재료로써 정확도가 높을 것이다.

결론적으로 크라우드 펀딩을 이용하면 팔리지 않는 책 같은 건 존재하지 않는다.

필요하지도 않은 책을 인쇄하기 때문에 '팔리지 않는 책'이 발생하는 것이다.

그렇다면 말이다.

팔리지 않는 책 같은 건 없으므로 실적이 없는 사람의 출판에 대한 벽을 훨씬 낮출 수 있다.

출판사가 아무런 실적도 없는 사람에게 좀처럼 책을 내주지 않는 이유는 '팔리지 않을 것이라는 예상'이 있기 때문이다.

그래서 '팔리지 않을 것이라는 예상을 철저하게 깨고 출판의 벽을 확 낮춰 주자'고 생각했다.

누구나 출판할 수 있는 방식을 만든다.

앞으로 얘기하려고 하는 것은 이번 책의 마지막에 어울리는 내용이라고 생각한다.

현대의 돈과 광고 전략에 대응한 새로운 서비스의 제안이다.

출판의 장벽을 낮추어
국민 모두를
작가로 만드는
출판 서비스
『말상대 출판』

차세대 출판 서비스에 '유통'은 필요하지 않다

몇 년 전, 같은 사무소의 후배 개그맨이 "사무소가 우리의 단독 라이브 DVD를 내주지 않아요"라고 상담해 왔다.

그런대로 인기가 있는 콤비로, 팬이 'DVD화'를 위한 서명운동에 나서 400명 정도가 서명했는데도 요시모토흥업은 고개만 흔들고 있었다.

수락하지 않는 이유가 궁금했기 때문에 물어봤더니 요시모토의 담당 직원은 "DVD는 3000장 정도가 팔리지 않으면 수지가 안 맞는다"고 말했다.

즉 3000장 이상의 매상이 예상되지 않으면 DVD를 발매할 수 없다는 소리다.

그렇구나. 그런데 여기서 조금 마음이 걸렸다.

DVD가 한 장에 3000엔이라면 3000장이 되면 3000엔×

3000장으로, 총 900만 엔이다.

3000장의 DVD를 제작하는 데는 정말 900만 엔이 들까?

궁금했기에 바로 공장에 전화했다.

"DVD를 3000장 찍고 제품(패키지)으로 만드는 데 얼마나 듭니까?"라고 공장 아저씨에게 물었더니 "27만 엔"이라는 놀라운 답이 돌아왔다.

뭐?

900만 엔이 드는 게 아니었어?

촬영과 편집을 직접 하고 27만 엔만 있으면 3000장의 DVD를 만들 수 있다고?

남은 873만 엔은 어디로 가는 거지?

조사해 보니 나머지는 제작자에게서 고객의 손에 도달할 때까지의 '유통'에 모두 들어가는 것으로 밝혀졌다.

잠깐만!!

일단 27만 엔만 있으면 장당 3000엔에 판다고 가정했을 때 90장이면 제작비를 뺀다.

90장이라면 애당초 유통을 거치지 않고도 직접 고객들에게 전할 수 있다.

즉 '유통을 이용'한다는 것에서부터 이야기를 시작하니까 그 젊은 콤비는 단독 라이브 DVD를 만들 수 없게 된 것이다.

그렇구나! 이거 재미있다.

당장 내 토크 라이브 〈니시노 아카히로 독연회〉의 DVD

를 유통을 거치지 않고 회장에서만 판매하는 것으로 바꿨다.

 유통을 거치지 않음으로써 발생한 커다란 매상은 해외 공연의 개최 비용에 충당한다. 2015년의 독연회 뉴욕 공연은 이로 인해 무료입장 개최가 실현되었다.

 원래 문제였던 후배 개그맨의 단독 라이브 DVD화를 완전히 뒤로 미루고 우선은 내 활동에 반영시킨 점이 정말 나답다.

가능성을 죽이지 않는다.

 자, 그렇다면 말이다.

 지금, 모든 분야에서 같은 문제가 일어나고 있다.

 '책을 출판하고 싶다'는 소리가 많은데 출판사는 고개를 저을 뿐이다.

 '중개인'을 끼고 있기 때문에 수천~1만 부를 팔지 못하면 물건이 되지 못한다.

 결과적으로 출판사는 수천~1만 부를 팔 수 있다고 예상하는 작품만 받는다.

 그러나 작품을 전하고 싶은 사람이 있고 그 작품을 원하는 사람이 있는데 그 작품이 전해지지 못하는 것은 역시 부자연스럽다.

 수만 명에게 전해지는 작품이 있는 것도 좋지만 수백 명에게 전해지는 작품이 있어도 좋지 않나.

나는 앞으로의 출판은 2종류를 준비하는 게 좋다고 생각한다.

유통을 통한 '대중용' 출판과 유통을 거치지 않는 '틈새용' 출판이다.

바로 친구에게 얘기해『말상대 출판』이라는 출판 서비스 개발을 시작했다.

『말상대 출판』은 (개인 작가를 위한) 틈새용 출판 서비스이다.

방식은 이렇다.

책을 내고 싶은 사람이 크라우드 펀딩으로 그 책을 살 사람을 미리 모집해 1000명의 독자를 발견한 시점에서 출판이 결정된다.

『말상대 출판』이 그 책의 데이터를 받아 제본해 독자에게 전한다.

유통을 거치지 않기 때문에 보통 10퍼센트 이하인 작가 인세가『말상대 출판』에서는 33퍼센트이다.

책의 권리는 100퍼센트 작가에 있다.

작가는 그 책의 실적을 들고 대형 출판사를 찾아가 이번에는 대형 출판사에서 대중용 책을 내면 된다.

우리는 대중용 출판까지의 '가교' 역할을 담당해 가능한 출판의 장벽을 낮추어 이제까지 문전박대를 당했던 작가와 작품에 빛을 비추는 일을 한다.

  거기서 차세대 스타가 탄생할지도 모른다.

  그러니까 유튜브처럼 말이다.

  틈새용 출판은 수주 생산&산직 직송으로 충분하다.

  이런 형태는 나아가 CD 같은 분야에도 적용할 수 있다.

  사람은 인정받고 싶은 욕구로 가득 찬 덩어리들이다.

  그러나 이제까지 극히 일부 사람의 욕구밖에 채우지 못했다.

  이제는 모두의 욕구가 채워져도 괜찮은 시기이다.

  『말상대 출판』으로 모든 국민이 크리에이터가 되는 시대의 문을 연다.

  혁명입니다!

한 걸음 내디딜 용기는 필요치 않다 필요한 것은 '정보'이다

'성장률'을 디자인한다

행복 지수를 결정하는 것은 질이 아니라 어제로부터의 '성장률'이다.

시험에서 매번 95점을 받는 사람이 96점을 받는다고 그렇게 행복하지 않지만 매번 0점을 받던 사람이 50점을 받으면 행복하다.

실업률, 유아 사망률, 의식주의 질, 의료비…… 모든 항목에서 세계 최고 수준인, 이렇게 풍요로운 일본의 행복 지수가 낮은 이유 중 하나는 '성장률'이 낮다는 데 있다.

그토록 철저한 서비스를 제공하는 디즈니랜드의 입장 게이트가 좁은 (정체가 일어나는) 이유는 당연히 '성장률'을 노린 결과일 것이다.

그곳에서 스트레스를 가함으로써 스트레스에서 해방되

었을 때 보이는 신데렐라 성은 몇 배의 감동을 낳는다.

어떻게 '성장률'을 디자인할 것인가가 관건이다.

그러면 일이 늘기도 하고 줄기도 하고, 큰 일이 결정되기도 하고 무산되기도 하는 이제까지는 매니저와만 공유했던 내 일의 일희일비도 '오락'이 된다.

그런 까닭에 나는 일 오퍼를 온라인 살롱 멤버와 공유해 "이 일, 어떻게 할까? 할까? 말까?"라고 공개회의를 한다.

각본을 쓸 때는 조연 캐릭터의 이름 같은 것도 라이브로 모집한다. 사실 이번 책의 부제 역시 온라인 살롱 멤버와 결정했다.

다수결은 재미가 없기 때문에 표가 적어도 '재미있을 것 같아!'라는 생각이 드는 안을 채용한다.

'아이디어의 집합소'가 되는 사람이 승리한다

킹콩 니시노의 일에 대한 일희일비를 공유하자고 생각하고 온라인 살롱을 운영했는데 온라인 살롱 멤버와 회의를 하다 보니 여기서 상당히 좋은 아이디어가 쭉쭉 나오는 게 아닌가.

그런 아이디어와, 일테면 스태프의 아이디어를 채용하기까지 하니 그야말로 나는 뇌 하나만으로 싸우지 않는 셈이다.

그에 대해 "혼자 좀 해라!"라고 혼을 내는 분도 있지만 하나의 뇌로 모든 것을 만들어 내는 인간은 세상에 하나도 없다. 많든 적든 모두, 가족이나 친구, TV나 인터넷에서 얻은 정보를 편집해 나름의 답을 낸다.

자신의 개성이란 편집의 결과이다.

그렇게 생각하면 편집 소재가 될 아이디어(타인의 뇌)의 집합소가 되는 사람이 승리한다. 그렇다면 어떤 사람이 집합소로 중요하게 쓰일까 하면 일단 행동하는 사람이다.

아이디어의 '좋은 실험대'가 되어 주는 인간이다.

생각하고, 생각하고 또 생각하고 생각하느라 행동을 하지 않는 사람이 얼마나 머리가 나쁜지는 바로 그 지점에서 알 수 있다.

걸음을 멈추고 생각하는 시간이 길면 길수록 편집 소재(타인의 뇌)의 참가율이 떨어진다는 데까지 생각이 미치지 못하는 것이다.

결과적으로 하나의 뇌로 싸우고 만다.

행동하지 않는 인간은 바보다

감과 센스는 통계학이다.

신에게 받은 정체 모를 무언가가 아니다.

'그 볼에 손대면 헛스윙을 한다는' 것은 신이 아니라 과거

헛스윙 경험이 알려 준다.

승부의 결정적 수단은 뇌의 수이다. 엄밀하게 말하면 경험의 수이다.

한 사람의 경험을 바탕으로 판단한 것인가, 10억 명의 경험을 바탕으로 판단할 것인가?

대답은 명백하다. 생각할 것도 없다.

사람에게는 잘하는 것과 못하는 게 있기 마련이므로 아이디어나 체력, 특수한 능력은 서로 보완하면 된다.

뭐든 혼자 완결하려고 상호 보완의 흐름을 차단하는 어리석음이여.

무엇보다 혼자 완결할 수 있다는 전제로 골머리를 앓는 것이 한심하다.

곧 이 책도 끝나기 때문에 마지막으로 중요한 얘기를 해 두고 싶다.

행동하지 않는 사람은 자신이 행동하지 않는 이유를 바로 '용기' 탓으로 돌린다.

"용기가 없어서 한 걸음 내딛지 못했다"고 말한다.

이건 틀린 말이다. 완전히 틀렸다.

행동하는 데 용기는 필요 없다.

어릴 적 혼자 타지 못했던 전철에 지금 혼자 탈 수 있는 것은 당신이 용기를 얻었기 때문이 아니다.

'전철 타는 법'이라는 '정보'를 얻었기 때문이다.

나는 지금 이 글을 신주쿠 카페에서 쓰고 있는데 집을 나와 이 카페에 올 때까지 '용기'는 1밀리도 필요하지 않았다.

카페에 오는 길(정보)이 머릿속에 있었기 때문이다.

한편 지금부터 아마존 오지로 가려면 '독이 있는 벌레가 있지 않을까?' 같은 생각에 멈칫하고 만다.

그때 "독이 있는 벌레가 있긴 하지만 예방 접종을 하면 괜찮다"는 얘기를 들으면 내 발은 앞으로 움직인다.

한 걸을 내딛기 위해서 필요한 것은 긍정적인 생각이 아니라 논리적인 생각이다.

설명하면 되는 일에 '용기'는 필요 없다.

한 걸음 내딛기 위해 용기가 필요하다고 생각한다면 그런 불확실한 요소를 제거하기 위해서라도 더욱 더 정보를 확충하는 게 낫다.

그리고 내가 굳이 채우지 않더라도 자연스럽게 정보가 모이는 몸을 만드는 게 좋다.

정보는 행동하는 사람에게 모이고 그것은 또 다른 행동을 낳고, 또 정보가 모인다. 행동의 연쇄이다.

용기 탓으로 돌릴 게 아니다.

지금, 당신이 행동할 수 없는 이유는 당신이 정보 수집을 게을리 하기 때문이다.

노력이다, 압도적인 노력. 이거면 된다.

마지막으로 한 가지만.

이제까지 실컷 현대의 광고 전략을 얘기해 왔는데 『굴뚝 마을의 푸펠』의 발매로부터 곧 1년이 된다. 지금도 스스로 만든 예약 판매 사이트에서 '사인본' 주문을 받는다. 아침 4시에 일어나 사인을 하고 우편 봉투에 받는 사람의 주소를 적고 우체국에 전화해 배송을 의뢰한다.

이 일을 발매한 날부터 지금까지 매일 하고 있다. 1년 동안, 매일같이.

지난 1년 동안 2만 부 정도의 사인 책을 수작업으로 보냈다.

그렇게 하면서 지금 광고 전략을 말하고 있다.

행동하자.

실패하면 만회하면 된다.

괜찮다.

맺음말

"모든 페이지를 무료로 공개하자. 반드시 이길 수 있어."
나는 담당 편집자와 매니저, 몇 명의 친구에게 말했다.
그 당시 그들의 대답은 이랬다.
"허가를 받긴 말자. 분명히 그만하라고 할 거야. 사과는 혼나면 하지 뭐. 해 보자."
그림책 『굴뚝 마을의 푸펠』의 무료 공개는 큰 소동이 될 때까지 요시모토흥업의 사장도, 겐토샤의 사장도 몰랐다.
말단인 우리끼리 무료 공개를 결정한 것이다.
결정권은 대단한 사람(출세한 사람)만 가진 특권이라고 생각하겠지만 아니다.
'결정권'은 각오다.
"재미는 있는데 일단 가지고 가서 윗사람에게 확인하겠습니다"라고 말하는 신입과, "재미있으니까 어떻게 해 보겠습니다"라고 단언하는 신인.
같은 신인이라도 후자에게는 각오가 있다. 결정권이 있다.
벌벌 떨면서도 그래도 "어떻게든 해 보겠습니다!"라고 큰 소리를 치고 도전하고, 그랬다가 실패한 신인을 주변 사람은 보고만 있을까?

아니, 그냥 버려두지 않는다.

그 신인이 보여 준 각오는 응원으로 돌아오고 반드시 또 다른 기회가 온다.

미래는 '각오'와 비례한다.

모든 결정을 자신이 아닌 누군가에게 맡긴 사람에게는 그 각오에 상응하는 미래밖에 기다리지 않는다.

당신에게는 결정권이 있는가?

원하는 대로 하지 못했던 것을 입장 탓으로 돌리지 않았나?

팔리지 않는 원인을 환경이나 시대 탓으로 돌리지 않았나?

자신의 불만을 누군가가 해소해 주길 기다리지 않았나?

이제까지 많은 사람을 봐 왔지만 성공한 사람은 반드시 결정권을 가지고 있었다.

그리고 결정권은 지금 이 순간에 가질 수 있다.

다음은 당신 각오에 달렸다.

돈의 가치가 변하고

일하는 방식이 바뀌고

도덕이 바뀌고

모든 게 무서운 속도로 바뀌는 이 시대를

도무지 움직임을 읽을 수 없는 이 시대를

이겨 내고 싶은가?

무슨 일이 있더라도 지키고 싶은 가족이나 친구, 스태프, 신념이 있나?

그렇다면 눈앞에서 일어나는 변화에 즉시 대응해야만 한다. 타인에게 결정을 맡기면 늦는다. 환경에 결정을 맡기면 버릇이 된다. 지켜야만 하는 것을 지키지 못하게 된다.

이 시대를 살고 싶다면 자신의 인생을 살고 싶다면 결정권을 가져라. 지금, 바로 이 순간에 말이다.

주변이 뭐라고 하든 세상이 뭐라고 하든 어제까지의 상식이 뭐라고 하든 상관없다.

당신 인생의 결정을 타인과 환경과 시대에 맡기지 마라.

당신 인생은 당신이 결정하자.

상식에 굴하지 말자. 굽히지 않는 이유를 가져라.

그것은 행동력이다.

그것은 정보량이다.

나는 곧 이 책을 끝낸다.

그리고 바로 다음 행동을 일으킨다.

당신은 곧 이 책을 다 읽는다.

자, 뭘 할 것인가?

당신의 혁명의 팡파르를 울릴 사람은 당신밖에 없다.

기운을 내세요. 응원하겠습니다.

혁명의 팡파르

신용을 쌓는 30일 챌린지

1일 차
지금 내 신용 상태 점검하기

내가 현재 가지고 있는
가장 큰 신용 자산은 무엇인가?

2일 차
신용이 높은 사람 3명 분석

그들은 왜 신용이 높은가?
공통점은?

3일 차

나의 온라인 평판 점검

구글에 내 이름을
검색해 본 적 있는가?

_____
_____
_____
_____
_____
_____
_____

4일 차

신용이 낮아지는 습관 3가지 정리

내가 신용을 깎아먹은
경험이 있다면?

_____
_____
_____
_____
_____
_____
_____

5일 차

약속 & 마감 지키기 실천

내가 최근 늦거나
어긴 약속이 있었는가?

_____
_____
_____
_____
_____
_____

6일 차

10년 후 나의 신용 예상

지금 이 상태라면
내 신용은 어떻게 변할까?

_____
_____
_____
_____
_____
_____

7일 차

내 인맥 & 네트워크 정리

내가 신용을 쌓을 수 있는
사람은 누구인가?

_____
_____
_____
_____
_____
_____

8일 차

신용을 얻고 싶은 분야 설정

어떤 분야에서
내 신용을 높이고 싶은가?

_____
_____
_____
_____
_____
_____

9일 차
지작은 신뢰 쌓기 1 : 하루 동안 100% 정직한 대화하기

거짓말 없이 살아 보면
어떤 느낌인가?

10일 차
작은 신뢰 쌓기 2 : 남을 돕는 행동 1개 하기

내가 오늘 한
작은 선행은?

11일 차
신용을 올릴 수 있는 온라인 활동 시작

SNS, 블로그, 뉴스레터 등에서
신용을 쌓는 방법은?

12일 차
나만의 신용 브랜딩 1차 점검

내가 현재 다른 사람들에게
어떻게 보이는가?

13일 차
나의 협력 네트워크 만들기

함께 성장할 수 있는 사람을
3명 선정해 보자.

14일 차
"책을 팔고 싶다면 1만 권을 사라"
→ 내 인생에 적용하기

내가 1만 개를 투자할 만한 가치는?

15일 차

신용이 높은 사람과 대화 시도

주변에서 신용 높은 사람과
대화해 보기

16일 차

1년 후, 5년 후 신용 목표 설정

지금 이 챌린지를 계속한다면
1년 후 나는 어떤 사람이 될까?

17일 차

신용을 높이는 책 1권 읽기

추천 도서: 《혁명의 팡파르》 & 기타 신용 관련 도서

18일 차

신용이 무너진 사례 분석

최근 1년간
신용을 잃은 경험이 있다면?

19일 차
온라인 신용 점검

내 SNS가 신용을 쌓는 방향인가,
깎아먹는 방향인가?

_____
_____
_____
_____
_____
_____
_____

20일 차
실천형 신용 1개 정하기

오늘부터 내가 지속할 수 있는
작은 행동은?

_____
_____
_____
_____
_____
_____
_____

21일 차
신용을 높이기 위해 버릴 습관 1개 선택

나를 낮추는 행동을 줄여 보자.

_____
_____
_____
_____
_____
_____
_____

22일 차
주변 사람 3명에게 진심 어린 피드백 전달

신용은 관계 속에서 쌓인다.

_____
_____
_____
_____
_____
_____
_____

23일 차
내가 남들에게 어떤 신용을 주고 있는지 물어보기

나의 평판은 어떠한가?

_____
_____
_____
_____
_____
_____

24일 차
신용 & 돈의 관계 정리

돈과 신용 중
어떤 것이 더 중요한가?

_____
_____
_____
_____
_____
_____
_____

25일 차
내 신용이 평가될 수 있는 사례 만들기

신용을 높이면
내 인생은 어떻게 변할까?

_____
_____
_____
_____
_____
_____
_____

26일 차
"내가 원하는 신용"에 맞는 행동을 3개 이상 추가

앞으로 지속해야 할 습관 정리

_____
_____
_____
_____
_____
_____
_____

27일 차
신용 관리 시스템 만들기

정기적으로
신용을 점검하는 습관 만들기

_____
_____
_____
_____
_____
_____
_____

28일 차
내 신용 브랜딩 최종 점검

내가 쌓은 신용이
어떻게 보일 것인가?

_____
_____
_____
_____
_____
_____
_____

29일 차
신용을 높이는 습관을 매일 실천할 수 있도록 계획

신용을 관리하는 루틴 정리

30일 차
30일 챌린지 최종 평가

나의 신용은 어떻게 변했는가?

옮긴이 민경욱

1969년 서울에서 태어나 고려대학교 역사교육과를 졸업했다. 일본문화포털 '일본으로 가는 길'을 운영했으며, 현재는 전문번역가로 활동하고 있다.

주요 역서로는 요시다 슈이치의 『거짓말의 거짓말』, 『첫사랑 온천』, 『여자는 두 번 떠난다』, 히가시노 게이고의 『방황하는 칼날』, 『레이크사이드』, 『비정근』, 이케이도 준의 『은행원 니시키 씨의 행방』, 『하늘을 나는 타이어』, 이사카 코타로의 『SOS 원숭이』, 『바이바이, 블랙버드』, 누마타 마호카루의 『유리고코로』, 『9월이 영원히 계속되면』, 야쿠마루 가쿠의 『데스미션』, 히가시야마 아키라의 『내가 죽인 사람 나를 죽인 사람』, 신카이 마코토의 『날씨의 아이』, 『스즈메의 문단속』 등이 있다.

혁명의 팡파르

2025년 10월 1일 개정판1쇄 발행

저　자 니시노 아키히로
옮긴이 민경욱
발행인 유재옥

표지 디자인 형태와 내용사이
본문 디자인 펜슬프리즘
마케팅 최원석, 윤아림
라이츠사업팀 김정미, 유아현
물류팀 백철기
발행처 (주)소미미디어
등록 제2015-000008호
주소 서울시 마포구 토정로 222, 502호(신수동, 한국출판콘텐츠센터)
전화 (02)567-3388 / 마케팅 (070)8822-2301
FAX (02)322-7665

ⓒ 니시노 아키히로, 2017
ISBN 979-11-384-8679-8　03320

* 책값은 뒤표지에 있습니다.
* 파본은 구입하신 서점에서 교환해드립니다.